讀而自由

安頓身心的12堂公民行動課

陳夏民◎主編

公民行動的起點，是言論自由。
自由的言說，賦予我們探索真實的能力。

編序

公民行動的起點，是言論自由

／陳夏民

在臺灣，每年四月七日的言論自由日已是國定紀念日，用以紀念《自由時代》雜誌總編輯鄭南榕為追求百分之百的自由，而於雜誌社自焚殉道的無畏精神。

鄭南榕所追求的百分之百的自由是什麼呢？最關鍵的就是「言論自由」。

如今，身在臺灣，言論自由的空氣彷彿是天經地義，甚至有許多人誤以為言論自由就是可以隨便罵人的權力，直到收到對方的存證信函，才發現自己完全誤認，以致幻想出一個充滿破洞的保護傘，招惹麻煩。

翻開鄭南榕所出版的《自由時代》雜誌的目錄頁，經常可以看見一個文責聲明的小框框：「本刊文責一律由總編輯鄭南榕負責，目錄頁數不詳具作者姓名。」這一個小框框，在雜誌早已停刊的今天，依舊體現了百分百言論自由的真諦：我為我這本雜誌所表達的一切，負上全責；也因為這是我所出版的雜誌，我會保護作者，不讓他們遭受國家機器監控，若有任何因為文章而生的訴訟或衝突，都由我來負責。

鄭竹梅曾說：她在以女兒，直系親屬身分，申請並觀看了當年監控父親鄭南榕的情治機關檔案後，發現有一份報告，上頭寫著：「鄭南榕在雜誌上表明本刊文責一律由總編輯鄭南榕負責，有悲劇英雄的傾向。」而高達千頁以上的監控檔案，那些鉅細靡遺的瑣碎資料與對鄭南榕及其周邊人士的各式（加上奇怪濾鏡的）詮釋，一方面讀來無比荒謬，卻又有一種奇異的真實感。

對同一句話或同一個人，有不同的解讀，這不也投射出了人類自有語言以來，始終面對著的，無法百分之百溝通理解的困境嗎？

而這樣的困境，在沒有百分之百的言論自由情況之下，更會助長極權統治者的管控系統，使其透過各式媒介，去製造出美好卻無比真空的假象，透過文字縫隙所蔓生的恐懼，將人民玩弄於股掌之間。例如：甫通過《國安法》的香港，如今就有許多出版人或創作者開始自我審查，畢竟在沒有明顯界線的規範之下，只要有人皺個眉頭，你的言論就可能招罪。自我審查只會讓恐懼無限擴張，到最後讓人自然而然局限自身表達。

鄭竹梅提到，翻閱那些檔案時，彷彿身陷迷霧，不知道什麼才是真實。畢竟在監控人民的時代，每一個眼線都有自身對受監控者的解讀，有些時候，甚至可能為了「業績」而產生更多虛構的成分。在那樣極端的時空，任何一個人的人生，隨時都可能變成一部悲劇性的短篇小說，說不出足以標榜自身存在與思想的臺詞。但也因此，我們才能理解為什麼鄭南榕會主張：「所有的自由裡，第一個應該爭取的是言論自由，有了言論自由以後，才有可能保住其他的自由。也就是說，爭取了百分之百的言論自由之後，我們還有其他諸多種類的自由尚待爭取。」

言論自由，是任何一位公民想要推動、改革社會時的最基本配備。

這也是鄭南榕極力爭取的，百分之百的、不折不扣的自由。在未得自由之前，鄭南榕便採取行動，透過出版一本又一本的雜誌與叢書，點燃了全臺灣各地企盼真相者的求知心，從出版、印刷、發行、通路和讀者，各地星火串起了一段隱匿於獨裁政權壓迫縫隙的資訊流（information flow），讓更多人寧願在租書店租借包裹在腥羶色雜誌內的《自由時代》雜誌，被認成色色的大人也無所謂，只為獲得雜誌的內容啟迪。在那個分不清楚周邊是否藏著監控者眼線的時代，每一個懷抱著信念的人，只能憑藉直覺與信任努力求生，如履薄冰的扮演這一段如奧運聖火傳遞的中介。數十年後，他們的努力，終於換來我們自由言說的可能。

如今，我們所處的時空背景，甚至比鄭南榕當時所處的更加複雜。畢竟「光是二〇一五一年產生的資訊量，就超過人類有史以來到二〇一四年之資訊量的總和。」（引用自黃哲翰〈數位利維坦君臨的前夕〉，端傳媒），更不用提臺灣、美國在選舉時所遭逢的境外假新聞侵擾，只要想要，任何一個影像單位都可以輕易合成任何一個人出現在任何場合的虛構足跡。所有國家之間的角力，早已不再只是軍事展演秀肌肉，而是透過各式各樣的娛樂手法或科技產品，在每一個人眼下上演，甚至讓我們透過參與娛樂或是貪圖便利，雙手奉上自身珍貴的隱私。更不用提諸多富可敵國的跨國企業，其實也對消費者的隱私與生活上所享有的各式權利虎視眈眈……

我們生活在一個超級複雜的世界。然而，就算身陷意識形態的迷霧之中，不知道所見所聞何者為真，只要擁有信念，願意為認同的信念背書，並且成為其中介，去說、去談，同時擔負起責任，那麼我們終究有機會去挑戰他者所強加在我們面前的假象，稍微「逼近」真實。

自由的言說，賦予我們探索真實的能力，而這正是極權統治者或是有心人士所懼怕的。為此，我們必須繼續表達意志與信念，也必須時時刻刻警惕自己，即便有些人的語言美好如天使的祝福，讓人忍不住身陷其中，但無論如何都不能夠讓理智斷線，不經思索的輕信他者。

在鄭南榕殉道三十一年後，當我們重新思考言論自由，其積極的意義是讓我們成為中介：我們必須繼續閱讀，繼續表達，繼續負責，繼續去傳遞我們所深信的價值。

不要讓美好未來的種種可能，斷在我們這裡。

目錄

PART 1

看見個體

- 逃難下的婚姻，一位新住民女孩的落地生根
- 從顏色的選擇來思考「刻板印象」帶來的限制
- 每個人的身體，都值得被自己喜歡、被自己善待
- 誰規定這樣才是MAN？

01 逃難下的婚姻，一位新住民女孩的落地生根

在臺灣有各樣多元群體不斷的加入，每個人都試圖在這片土地上追求幸福，但這也是一項挑戰，我們得學著去認識、磨合與接納彼此的差異。

選文

單程機票

／陳又津

一九八五，我出生前一年，母親二十九歲。

說到印尼，第一個可能會想到「外勞」，直到我讀研究所，才知道這些只買單程機票的女孩，從事的職業叫做新娘——比家務移工更古老的行業。買賣的婚姻不一定個個幸福，但也不比自由戀愛更加不幸。

我的母親拿觀光簽證來臺灣，一邊在串珠工廠工作，一邊尋找適合的結婚人選，跟其他女孩不一樣的是，她自己收下聘金，而不是交給仲介。因為那張單程機票是她自己買的，光是這樣就花掉她所有積蓄，據說那些黃金足以在印尼首都雅加達買間房子。

她手裡握著兩樣籌碼，有限的青春和居留時間，她必須在這段期間之內，一眼辨別相親對象的斤兩，迅速、果決、不能出錯，因為賭下去就是自己的一生。

父親當時已經五十七歲，知道自己年紀大了，不敢說要娶個多年輕的老婆。表姐卻說：「阿妹，老漢脾氣好，不會打女人，有房子和工作，你如果嫁過去，也沒有公公婆婆要伺候，你想出去工作就工作，自由自在。」

衝著這一句自由自在，母親下注在一個年紀比自己父親還大的老人身上。

年輕的母親如願嫁給了一間房子，或者說選擇了一座城市——如果三重也可以算是城市的話。三重這地方活躍於新聞版面，賭場、電動玩具、火拼、情殺、掃黃、淹水、工人墜落、賄選——十八歲以下基本上不得參與，上溯十九世紀末，臺北橋上火車轟然駛過，「鐵橋夕照」儼然成為臺北八景。橋下河邊熱鬧，動不動淹水，沒人要住，只有乞丐寮搭的布幔木板，棚架相連，人與雞鴨同寢，潮汐為鄰。

颱風一來，住民倉皇走避。水退了，屍體骷髏漂流此處。收拾無名屍的人大概也想，生死總歸要有個去處，無名無姓，就依發現的地方，河邊的叫水流公，樹旁的喚竹頭公。時日一久，活的死的感情好得像換帖兄弟，一個人捻香祝禱，另一個夜半托夢，簽賭總要商量一下。畢竟賭下去，就是自己的一生。

新的國家、新的語言、新的生活。母親最高興的事，就是有了自己的鑰匙，她以前晚歸不是被鎖在門外就是借住在朋友家。現在可以一個人搭公車到博愛路或萬華買新衣服，不用再叫人力車，讓陌生的臉孔載著，沒有警察會叫她拿身分證出來找麻煩。

只是，她確實一個人在異國。

生病的時候，沒人為她煮稀飯。懷孕的時候跌倒，沒人伸手幫忙。不知她是不是一個人去做產檢，或者有沒有去做產檢？一個人二十四小時，全年無休帶小孩，聽說兒童樂園在圓山、動物園在木柵，儘管看不懂公車路線，硬是付了計程車資。她還買了傻瓜相機幫女兒拍照留念，雖然手指常常放在鏡頭前面。她一心一意不讓這孩子吃她受過的苦，所以我沒有機票，小學一年級就有家裡的鑰匙。

小學以前，母親在後面的興華街做手工，從髮帶、鑰匙圈、貼紙套什麼都有，有時會留一、兩個下來給我玩。我通常待在旁邊玩樂高、積木或遙控車，床下的塑膠盆全裝著我的玩具，有時一個玩具就要母親做半個月的手工。又因為全部的玩具只有我一個人玩，從小不曉得搶奪的艱辛。等上了幼稚園，點心時間讓同學陷入一種糧食危機，我不懂為什麼那些扁塌的小麵包有人搶著要吃，回家吃布丁不是比較好嗎？

幼年的記憶，就是母親和我推著拖車，一路喀啦喀啦推到興華街。新生街往興華街的交叉口有一個斜坡，我的工作就是抵著那一大袋麻布包，不讓它們唏哩嘩啦落下來。可是五歲的我很可能會遇到六歲的玩伴，那時就顧不了這麼多，兩人就像戀人那樣不顧一切在十字路口抱成一團。

照理說，母親是華僑，應該沒有語言問題，但當年私塾的課文用客家話念，沒想到同樣的文字竟然還能用另一種「國語」來念。媽媽只能告訴自己要多聽多學，不希望女兒跟她一樣說一口有腔調的國語，所以一回家就開電視，拜託新聞主播教她女兒把國語說好。

後來我能去征戰各方的演講比賽，電視主播確實功不可沒。

因為腔調，我媽買菜、找工作、搭計程車，總會有人問她：「太太你不是臺灣人齁？」

「你說呢？」

「——我看是客家人。」

「我是廣東客家。」她說。

運將答對就放了心：「我就知道！我老婆苗栗人，所以我一聽就知道。」關於你是哪裡人的答案，如果對方不懂客家話，我媽就會說是客家人；如果遇到客家人，就說是廣東人；如果遇到廣東人，就回答是客家人。後來我才知道，某些久居臺灣的客家人說的是道地閩南語，廣東人說的根本不是客家話。

她還是孩子的時候，差點搭上往上海的船，那時大伯一家先走，兄弟倆約定了隨後就到，結果等不到下一班船，清共暴動先來了。全家人離開了橡膠園和田地，輾轉投奔城裡的親戚。寄人籬下有多少辛酸，母親隻字未提，只說這家人待她很好，有次嬸嬸要拿錢給她，她不敢收，後來她去上學打開課本，發現裡面夾了一大疊錢。

錢，對此刻一無所有的難民來說，就是無邊無際的自由。

離開鄉村，到了城市，對十幾歲的母親來說反而是好事。她放下扁擔不賣豆乾，改批零食到戲院兜售。那時候流行二秦二林，秦祥林、秦漢、林青霞、林鳳嬌，武俠片的成龍、元彪、洪金寶、狄龍，她熟得像自家兄弟。雖有地方安身立命，母親還是沒有完成學業。也許是這個原因，才讓母親選擇了中學畢業的父親作為結婚對象。不然那時候還有一個計程車司機想娶她，人相對年輕又風趣，在她婚後常常趁我父親不在的時候來訪，但母親中文不好不知道怎麼趕人——直到他吃光我家剛買的龍眼，當時懷孕的母親忍無可忍，腳踢鐵捲門叫他不要再來，對方大概比身為孕婦的母親還怕流產，此人從此消失在我家。

「番仔殺過來的時候，會嗚嚕嚕——的叫，把人心挖出來，讓鬼不能找他報仇。」、「那個難民營像小公園這麼大。每天都有四、五個人被抬出來。」

母親說，後來她在成衣廠跟其他同事講起往事，有人親自收拾父親的屍塊，或整個家族覆滅。

那次大規模的排華暴動，數十萬人被屠殺，上百萬人流離失所，史稱「九三〇事件」。此後，她再也不曾回去，直到近年我想寫這個題材，母親才知道外婆幾年前回去，滄海桑田，只能靠老屋門前殘留的樹根來辨識，三令五申沒什麼好看的。

那時大批難民遷移到雅加達，接下來的政府卻實施長達三十多年的排華政策：公眾場合禁止使用中文（包含用印尼文拼出的華文語言）、華文學校被迫關閉、華文報紙停刊，限制華人從事公務員、上大學和加入軍隊的名額，家門口要掛「非原住民人口」的牌子……這些是我上網跟看書查來的資料。

話說回來，首都雅加達雖然有荷蘭的自衛隊，華人相對安全，但母親覺得印尼終究不是華人的地方，從前她祖父從廣東梅縣到加里曼丹，打魚、種田、買地、割橡膠，現在她哥哥白手起家開辦成衣廠，但誰知道什麼時候又要舉家逃難？聽母親講電話，總勸我阿姨，趕快去馬來西亞還是新加坡買房子，亂了才有個地方安身。

有時母親遇上推著輪椅的異鄉人，同樣來自加里曼丹鄉下，正當年輕的印尼女子。她們彼此交談，詢問對方哪裡來的，若是母親正好買了剛出爐的麵包，就會拿出一個，讓這個也許沒時間好好吃飯的移工吃點東西。換作在印尼，華人和印尼人涇渭分明，包括交友圈、學校、宗教到百貨公司，但是在異鄉的城市，這個界線反而不再重要。

——選自《準台北人》，印刻文學

作者簡介

陳又津（1986～），臺灣新生代小說家；年輕的「外省第二代」，父親於二十一歲移居臺灣，母親則是因躲避印尼清共事件而嫁往臺灣的華僑。國立臺灣大學戲劇學研究所碩士、美國佛蒙特藝術中心駐村作家。

著有《少女忽必烈》、《準台北人》、《跨界通訊》、《新手作家求生指南》、《我媽的寶就是我》。

主編思辨

我們都是別人生命的外來者

我住在桃園後站，有一個朋友曾對我說，我是住在外勞最多的區域。這一件事，我當然心知肚明，畢竟我經常在後站的東南亞餐廳吃超級厲害的美食，而二、三十年前原本死寂的後站，也是因為移工入駐而重新繁華。他說起「外勞最多」這四個字，是如此心平氣和，彷彿不帶歧視，但我聽了之後，內心卻總有一點被冒犯的感受。

嚴格說來，我也曾經當過外勞。我曾在印尼教書，身為一個社會裡的少數者，就算薪資比當地人優渥，但依舊能夠感受到身為「社會少數」的壓力。還沒學印尼文之前，出門的時候都很緊張，當時也沒有什麼Google地圖或是Google翻譯，深怕一不小心搭錯

車就再也回不來了。平時生活便有壓力，生病或身心狀態不好的時候，更是覺得格外脆弱。而非我族類的意識，並非只有本國、外籍人士獨有。而那道劃分群體裡外的界線，其實非常幽微，也充滿變動。我曾聽聞朋友父親說道，他曾因為是臺南人，而被住在桃園的岳父認為是「下港郎」，不太願意把女兒嫁給他。而陳又津這一篇〈單程機票〉，不僅描述身為印尼華僑的母親的人生故事，也把個體跨越社會系統分類的界線時（印尼人、印尼華人、臺灣媳婦等），所遭遇的種種挫敗，寫得活靈活現，充滿啟發。

而陳又津母親把剛出爐的麵包，轉贈給在臺的印尼工作者的段落，更是讓我想起，當年在印尼工作時，所遭逢的種種善意，有時候只需要一個招呼或是一個甜甜圈，就能意外的撐起一個孤單脆弱的靈魂。

自主公民的思考

◆ 你身邊有新住民朋友嗎？他們跟你哪些地方是一樣的？哪些地方不一樣？

◆ 如果有一天，你要獨自到異國生活，可能會遇到哪些困難？

02
從顏色的選擇來思考「刻板印象」帶來的限制

刻板印象無處不在，從服裝、職業、家鄉到教育背景等，不勝枚舉。刻板印象不全然是壞事，它提供我們一個快速判斷事情的依據，但這樣的便利性往往也帶來思考的僵化，甚至造成誤解，讓我們跟著美麗的色彩來反思，如何不被刻板印象給綑綁。

選文

顏色的性別意義，是人類社會賦予的詮釋

／苗博雅

我從小就喜歡剪短髮、著褲裝，玩機器人、樂高。討厭別人叫我留長髮，不喜歡媽媽硬要我穿洋裝。家裡有別人送的芭比娃娃，都被我四肢分解成研究人體結構的模型。像我這樣在意陽剛特質的孩子，當然也不喜歡用粉紅色，因為「那是女生用的顏色」。

顏色有性別嗎？

所有的顏色原本都沒有性別，顏色的性別意義，是人類社會賦予的詮釋。粉紅色並不是天生就是女生的顏色。是在成長過程中，經由大眾流行文

化、媒體、家庭教育、學校教育、身邊的大人和同儕為小孩子建立了「粉紅色是女生的顏色」的概念；這就是潛藏在社會各個角落、充斥著我們生活的「刻板印象」之一。

「刻板印象」有什麼不好？

我想，刻板印象最大的壞處，在於它僵硬的限制了每個人原本無窮的可能性。

直到成年之後，我才開始逐漸接受穿粉紅色的襯衫。原因是，我意外發現，穿粉紅色襯衫比我想像中的好看。在一些特別的場合，粉紅色比白色、黑色、藍色更能展現我的心情。刻板印象，讓我用了近二十年的時間，拒絕一種其實沒有不適合我的顏色。

「沒有道理的限制人生的選擇權」，就是刻板印象最大的壞處。刻板印象可能讓小女生或小男生選擇其實不適合自己的科系、勉強配合不喜歡的工作、對不合理的磨難忍氣吞聲，甚至更嚴重的，選擇一段不適合自己的關係。

女生就應該多穿粉紅色、照顧小孩、不適合讀理工科、學會做家事、溫柔、體貼、不能太強勢……

男生就不該用粉紅色、不能哭、應該賺大錢、應該養家、應該很堅強……

這些基於「性別」而來的「應該或不應該」其實都是無謂的束縛，讓我們的人生錯過了很多機會與可能性。

如果我的孩子說他不想戴粉紅色的口罩，我會跟他說：「孩子，每個人都有權利決定自己的樣子。你可以決定自己喜歡哪些顏色、討厭哪些顏色。如果你不喜歡粉紅色，我希望那是因為你自己討厭粉紅色，而不是因為別人說男生不能用粉紅色。如果有人因為你戴粉紅色口罩而欺負你，那是他有問題。我們一起解決，不要對惡霸忍氣吞聲。不要只因為別人的眼光，就放棄自己的選擇權，將來也不要任意用你的眼光，去評斷別人的選擇。」

我們生活在社會裡，不可能對別人的眼光完全不在意。即使像我這樣的人，被幾千條留言性別羞辱的時候，還是會覺得有點煩。完全不在意別人的眼光，真的很難。但我們可以一起努力試試看。

世界是彩色的，我們沒有必要只因為別人的閒言閒語，就讓人生失去一半的顏色。如果別人的選擇，沒有傷害到其他人，我們也不用對別人指指點點、閒言閒語。當我們為了保護自己和別人，不得已需要戴上討厭顏色的口罩時，或許可以試試看，說不定沒有你原本想的那麼糟。

勇敢用口罩顏色挑戰刻板印象的孩子，人生一定會更精彩。

——選自 苗博雅MiaoPoya FB（2020.04.13）

作者簡介

苗博雅（1987～），國立臺灣大學法律系財經法學組畢業，曾任臺灣廢除死刑推動聯盟法務主任、社會民主黨發言人、社會民主黨全國委員，現任社會民主黨籍臺北市議員，也在Yahoo TV擔任主持人。

主編思辨

粉紅色是每一個人的顏色

乍聽到「刻板印象」，我們都會覺得充滿負面意義，但其實刻板印象對於社會的正常運作，有許多正面的幫助。例如：我們在街上遇到狀況，看見身穿制服的警察，就知道可以求援；在店家找不到想買的東西，只要看見身穿圍裙或工作服的人，就知道可以麻煩他找東西。

刻板印象類似潤滑劑，透過規格化或貼標籤的手段，將事物快速分類，強化了社會上的職責分工。然而，一旦刻板印象被套用在個體之上，便容易簡化單一個體的複雜程度，或甚至造成群體對個體的壓迫。像是常聽到的「男子氣概」，也是一種造成了許多人鬱

鬱寡歡的刻板印象。

然而，我們生活當中還有許多原本中性的東西，成為了刻板印象本身，例如：星座（曾有人指著我說，雙子座的人一定很花心！）、顏色（小時候曾經穿過粉紅色T恤出門，被朋友笑太娘）、血型（討厭的人曾對我說，你是O型的，我們一定合得來）等，當這些原本用於分類群體的事物，被加諸了不同的意義，如果只是自己研究也罷，如果被認定為通論，就容易導致大大小小的摩擦與壓迫。

多數人不喜歡被輕易的認定「只能是」某一個樣子，但我們往往貪圖「簡化他人」來快速分類，才能夠輕鬆生活。刻板印象之所以可怕，或許就是因為我們可能一開始並沒有那個意思，最終卻一樣成為了壓迫者的同伴，而不自知。多想三分鐘，我們可以避免刻板印象的負面影響，讓世界一起變得更多元、豐富、自由。

自主公民的思考

◆ 你有沒有被別人貼過標籤？當你被貼標籤的時候，你的感受如何？

◆ 你有沒有貼過別人標籤？如果有機會讓你重新做決定，你還會再幫別人貼標籤嗎？

03 每個人的身體，都值得被自己喜歡、被自己善待

身體上大大小小的特徵跟狀態，對我們的心理層面會有很大的影響，不只是健康與否，更有許多身體細節是別人看不到，內心卻很在意的角落。學習凝視並接納自己的身體，是很棒的自我投資。

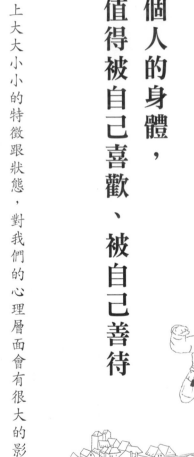

選文

胸部的安放法則

／李屏瑤

社群網站上有人分享「如何將魔鬼氈安靜撕開的方法」，說是來自美國特種部隊的實戰教學。我屏氣凝神點開，影片很短，不到一分鐘。片中解釋：「在戰場上，撕開魔鬼氈的聲音從一英里外都聽得到，所以如何安靜的撕開魔鬼氈，是很值得學習的事」。我坐在電腦前忍不住點頭，心想如果讓我早十幾年看到這影片該有多好。結果揭曉，教學者大叫一聲，掩飾撕開的聲響，影片結束。

我想起老家的浴室。大學一年級，我在女同志前輩們的手把手教學之下，赴學校附近的晶晶書庫（注1）買下人生第一件束胸。束胸，顧名思義，功

注1 晶晶書庫：1999年1月1日創立於臺北市的LGBT主題書店，是華人地區第一家同性戀主題書店。

能是將胸部束平，雖然我沒有什麼「T」（注2）認同，但在前輩的諄諄教導後我明白，短髮的我必須買一件。

找了個平日下午，我決定踏上購買束胸之旅，店主是位優雅的男性，問我要找什麼尺寸？不像內衣的精準分類，胸圍加罩杯，束胸就是從S到L，附有對照表。但是我謹記學姐的教誨，「愈緊愈好」。我先拿運動內衣款式，套頭穿上，一瞬間頭昏眼花喘不過氣，實在太緊了。我在小小的更衣門簾後掙扎，喘氣，如同幼獸努力從陷阱中脫困，換穿更大的尺寸，還是不太舒服，於是我換穿黏貼款式，這樣好多了。可以更改魔鬼氈的黏貼部位，調整鬆緊度，胸前還有束力加強設計，摸起來如同一片保護的軟甲，穿起來，我好像又離哪裡更近了一些。唯一的缺點就是，魔鬼氈太大聲了。臨到洗澡我總是拖拖拉拉，家母通常已下班回家，窩在沙發上看電視劇。我害怕撕扯魔鬼氈的聲音被發現，總會等到家母走進房間或更衣室，才匆匆衝進浴室，

注2 T：Transgender縮寫，跨性別人士；指性別認同或性別表現與出生時的生理性別不同者。

真的無處可躲，就把蓮蓬頭跟水龍頭齊開以遮掩。

當時網路購物尚未盛行，市面上沒什麼選擇，束胸很珍貴，價格相對不便宜。聽認識的朋友說，她女朋友痛恨自己的胸部，甚至穿著束胸洗澡。也聽過別的朋友說，她最喜歡把女友的束胸「唰」一下撕開，女友害羞的瞬間。時至今日，我聽到有人爽快撕開魔鬼氈的聲音，仍會產生各種聯想，魔鬼氈若有靈性，想必也會很驚慌吧。

在束胸之前，我早已改穿運動內衣，不能說是討厭胸部，而是討厭鋼圈。高中有同學穿一般內衣練球，乳房下圍竟然嚴重脫皮，連舉手都痛，可能是太緊所致。每個女生跟自己的胸部都有若即若離的關係。太早發育會被針對、被嘲笑，遲遲未至會被逼著喝青木瓜排骨湯，大也不好，小也不對，理想的胸部總長在別人身上。

對我來說，最可怕的其實是內衣專櫃的阿姨，通常阿姨出聲說「進來看看」的瞬間，人就已經站在試衣間，下一秒，手就在妳的胸部跟內衣之間，還很自然的一邊調整一邊聊天，順便喊外頭的媽媽阿姨們一同進來看。那始終不是我可以欣然接受的身體距離。有次我大喊說不用不用，阿姨熱情奔放的回應說：「不要害羞！」依舊光速襲胸。我可以理解朋友的女友發現束胸的心情，當我第一次發現世上有運動內衣的存在，也是開心到想大叫。

白衣黑裙下的內衣有各種搭配，家教甚嚴的會多加一件背心，再來是白色或是膚色內衣，黑色或深色內衣已經是接近禁忌的存在。有陣子排球場上開始流行螢光色的運動內衣，白襯衫、運動短褲，螢光綠、螢光黃、螢光橘的運動內衣若隱若現，當她們成群結隊走過身旁，就像跟深海的魚類擦身而過。

我以踏入聖殿的心情走進運動用品店，跟後來抵達晶晶書庫的心情大同小異，運動內衣款式簡潔，最大的差別可能是Nike勾勾的比例，沒有鋼圈，沒有壓迫感，擁有運動內衣的我，感到前所未有的快樂。從此以後買內衣不是獨立事件，而是跟買衣服鞋襪一樣的日常。

仍住在家裡的時候，我不敢把束胸晾在陽臺，怕被詢問，而是套了衣架掛在書桌底下，整夜用電風扇吹。有帥T朋友小心翼翼收藏手邊的唯一一件胸罩，過年返鄉前必翻箱倒櫃拿出來穿，她的家庭很傳統，在母親面前，她的胸部周圍必須有鋼圈跟罩杯。購買束胸一事對我而言，儀式成分大過實際用途——尋找自身在社群裡的位置，有時候也帶來安全感。我跟運動內衣相處得還算愉快，跟自己也相處得愈來愈好，漸漸就不太穿束胸了。

過年期間，社群網站側欄出現束胸廣告，模特兒拿著喜氣洋洋的春聯，身上是限定版的大紅束胸。我點進網站，發現這個小眾商品漸漸跟上時代，一直在進化，除了套頭跟魔鬼氈外，也出現前開拉鍊版。夏天最令人困擾的舒適透氣問題也解決了，新型態的科技涼感網布看起來十分清爽，甚至出了泳衣款式。尺寸也擴編了，出現主打「胖T」的加大尺碼。無論想要呈現的是什麼樣子，乳溝或是平胸，曲線或是直線，或乾脆不穿內衣，都是個人的選擇，每種身體都能夠自由選擇，就是一件可喜可賀的事。

只是騎摩托車時，若前方騎士的衣服內透出運動內衣或是束胸的線條，我仍舊會忍不住偷看，短短的幾秒錯身，如同一尾魚在人海中碰見了同類。

——選自 OKAPI閱讀生活誌（2019.08.15）

作者簡介

李屏瑤（1984～），文字工作者。著有小說《向光植物》，劇本《無眠》，散文《台北家族，違章女生》。

主編思辨

你是否觀察過身體的細節？

你是否想過，我們要如何指稱自己的身體部位？無論是一般器官或生殖器官，每一個正常運作或異常，或令人不甚滿意的身體部位，都有許多綽號，有時候我們光是說出其正式名稱可能都不太好意思。這樣的羞赧，或許出於習以為常的文化環境限制，也可能代表，我們不曾正視自己的身體細節，更因為不夠了解，當我們必須指認與他人身體的異同之處時，往往產生嚴重焦慮。

不認識己身，當然也不能夠理解他人的身體感受。直至今日，在與性相關的社會新聞下方的討論串，依舊可以看見許多身體羞辱的字眼。而對於他人身體的輕蔑，則是最為可怕的冒犯。韓國N號房事件中，主謀與會員們透過各式威脅利誘，讓年輕的女性身陷被散布裸照的惡夢之中。而在社會各地，更有所謂PUA（Pickup Artistry文化，源於美國的把妹技巧，透過各式貶低與心理機制，在一段關係之中操控對方。）或是所謂兩性專家，玩弄他人情感，或是瞎子摸象一般把女性感知說得頭頭是道，卻讓女性紛紛翻起白眼。

身為生理男性，我不懂女性的身體經驗，只能告訴自己要持續理解，而我更不敢自稱可以代表其他男性的生命或身體經驗。畢竟，再怎麼開明並且追求新知，源於身體差異的鴻溝往往卡在認知途徑之間。為此，我格外珍惜每一個被書寫出來的身體經驗，無論是女性、男性或任何多元性別，無論是一般運作或是遭逢障礙的軀體，都讓我覺得稍微理解他者，這些故事也提醒了我：身體上的每一個凹陷、飽滿或皺褶之處都藏著故事，我必須安靜傾聽。

自主公民的思考

◆想想看，日常生活中，你感到最舒適、安心的裝扮是什麼？為什麼？

◆你有沒有對著鏡子仔細觀察過自己的身體？最喜哪個部位呢？

04 誰規定這樣才是MAN？

你心目中的男性形象是什麼？電競算不算是MAN的運動？這兩個問題其實沒有標準答案，或許我們應該問，如何才能使我們更有自信也更成熟的面對自己、面對周遭、面對世界。

選文

猛男與宅男的世界盃——男性氣概是什麼？

／陳子軒

世界盃橄欖球賽與電競「英雄聯盟」世界大賽正進行到預賽的後半段，巧合的是，這兩大賽事一在英國、一在法國同步進行，國內體育臺和電玩臺各自進行轉播，除了可以一睹激烈的賽事本身之外，也可一窺當代「男性氣概」的異質與可能性。

橄欖球或許是一般人心目中最陽剛的運動了，每個選手都壯的跟牛一樣，正集團SCRUM（注1）下的嘶吼與扭曲的表情、每次的衝撞都如此拳拳到肉，既原始又「野蠻」。這麼激烈的比賽，但這些大男人們卻除了球衫、短褲之外，頂多加上一個軟頭盔，這樣還不夠MAN嗎？相形之下，美式足球這

注1 正集團SCRUM：橄欖球賽中，發生違例事件時，由雙方各派出八名球員相互頂架對立，對陣時，中間須留下通道，而後由沒有違例的一方，將球丟入通道正中央，一旦球被擲入後，雙方球員便使勁往前推擠，並且以腳將球勾向己方，也稱為「鬥牛」。

全身上下被護具包得緊緊的運動，根本還算「娘」的呢。

電競選手就更不必多說了，我們絕對不會把MAN和這些「阿宅」、戴著耳麥和眼鏡、不善社交、手指卻超級靈活的男人聯想在一起吧？就算他們手腕、脖子因為「運動傷害」而貼著膏藥、綁著繃帶，別說這MAN的程度與打落門牙和血吞的橄欖球選手天差地遠，連穿著花睡褲的瑞士網球名將瓦林卡（Stan Wawrinka）看起來都還MAN一些。

但，怎麼樣才算MAN？原本我們以為足球員夠MAN了，但是貝克漢、C羅、德羅巴卻光著身子賣起了內褲，貝克漢、C羅、伊布拉辛莫維奇（Zlatan Ibrahimović）追隨喬丹的步伐賣起了香水，巴黎聖日耳曼隊（PSG）更是全隊成了法國都彭（S.T. Dupont）的香水與妮維雅保養品的代言人，這些原本應該很「MAN」的男人到底怎麼了？怎麼一個個賣起「娘」到不行的產品？內褲不就是媽媽或老婆市場買買也就隨便穿穿了嗎？汗臭味不就是最渾然天成的男人味？男人採什麼保養品？臉上歲月刻畫的痕跡不正是男人身價隨著年齡而增值的證據嗎？

這樣的現象，當然與美容與時尚工業這一、二十年來終於把腦筋打到男人身上有關，把原本女性限定而漸趨飽和的美妝市場拓展到未經開發的另一半人口上，這點當然是資本主義下市場擴張必然的走向；另一方面，當代運動員的身體本來就已經商品化，把他們結實、趨近完美的身體意象從運動場挪用到美容產業，也只是順水推舟而已。

我們當然可以怪罪萬惡的資本主義，譴責這一切將男性納編成美容工業大軍的一份子，甚至可以套上萬年老哏說男性被「物化」了。但是我們也可以選擇藉由運動跳脫傳統性別的刻板框架。

運動在一九五〇年代的美國，可以作為打破種族隔離界線的前進場域，至今卻還是異性戀男性陽剛特質堅實的一道藩籬，儘管男同性戀運動員出櫃在這幾年已多有先例，但卻仍舊承受許多的壓力，所以大部分都選擇退休之後出櫃這條阻力比較小的道路。少數人選擇勇敢挑戰運動場上異性戀男性氣概的高牆，美式足球員山姆（Michael Sam）、NBA選手柯林斯（Jason Collins）就是如此，但兩位選手出櫃後的職業生涯不甚順遂；大聯盟釀酒人隊旗下的丹森（David Denson）還在1A奮鬥著，不過威爾斯橄欖球國手湯瑪斯（Gareth Thomas）二〇〇九年出櫃後依舊活躍於橄欖球場，讓這最MAN的運動也有新的性取向的可能。

電競算不算是運動以及其特質的轉變，也是近年熱議的話題，如果圍棋曾是亞運的競賽項目，那麼動作成分更高的電競似乎沒有理由不能算是運動。運動中的男性氣概不斷在改寫，英國早期的獵狐活動中，男性甚至無須自己動手，而由所馴養的獵犬代勞就可以彰顯其男性氣概；手握橄欖球衝鋒陷陣，跟手握滑鼠布陣殺敵，都是這個時代男性運動的體現。我們可以固守男性氣概劃定的疆界，也可以擁抱這些新的可能。

——選自《左・外・野：賽後看門道，運動社會學家大聲講》，聯經出版

作者簡介

陳子軒（1976～），美國威斯康辛大學新聞與大眾傳播博士，國立體育大學教授，研究專長運動、流行文化與媒體觀察。曾任FOX體育臺美國職棒MLB球評，MomoTV美式足球NFL球評。

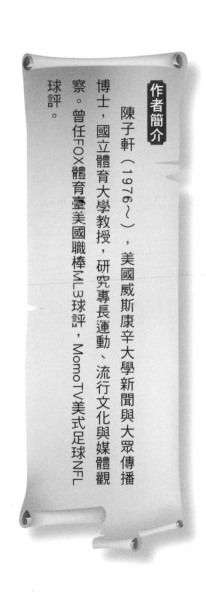

主編思辨

最為難男人的，就是男性氣概

當我們討論起男性氣概，腦海裡或許會出現許多標籤：肌肉、鬍鬚、黝黑、陽光、有肩膀……這些標籤究竟是單獨對應，還是必須全數套用在一個人身上，才能突顯這個人足夠MAN？

如果是單一對應，雖然有壓力，但還在可以應付的範圍，大不了常跑健身房就沒事了。但若一個標籤貼在身上還不夠MAN，那到底要貼上幾個，才可以讓人安心入睡？更令人不解的是，生活當中經常聽見，有男生喜歡稱讚陽光開朗的女生為「女漢子」，或是有女生喜歡強調自己像個男生，不像女生一樣陰柔。曾幾何時，男性氣概或是所謂的陽剛氣質竟然成為了讚賞？為什麼陰性特質就連在

女性身上，也不一定是讚譽呢？

與陽剛相對的，就是陰柔，或是「娘」。陽剛的男子氣概不只造成了許多普通男生的陰影與限制（例如：男生不可以哭、男生要夠高夠壯會賺錢、男生不可以喜歡粉紅色），更直接把地獄拋到許多陰柔男生或是女漢子的眼前。（妳是女漢子，怎麼可以喜歡蝴蝶結、做水晶指甲？）

曾經聽過一個朋友說，要澈底摧毀一個男人，就是在他眼前，罵他是個娘們。這樣的說法澈底體現男性氣概的荒謬，卻也深深提醒我們的社會，對於性別的多元，或甚至對於人性的複雜程度，認知明顯不足。我很期待，終究有一天，每一個人都能夠掙脫「男生就要有男生的樣子、女生就要有女生的樣子」的僵化規範，然後，自由自在的活著。

自主公民的思考

◆你想像中最MAN的表現是什麼？與朋友分享，看他們是否同意？

◆你理想中的自己會是什麼樣子呢？例如：完成什麼挑戰、具備什麼特質或條件。

PART 2

看見周遭

- 數位的便利，考驗著我們與惡的距離
- 工作需要什麼？自由還是保障？
- 用最溫柔的方式，陪摯愛的人走最後一哩路
- 腳下土地的另一番風景與想像

05

數位的便利，考驗著我們與惡的距離

在日常生活中，我們早有一套應對進退的方式，但在數位的世界，一個不小心，就容易擦槍走火，我們需要學習在數位的世界依然有一定程度的日常道德和溝通禮貌，否則有可能我們哪天都成了受害人或加害人。

選文

「線上仇恨」的起源：為何我們在網路上失控？

／黃哲斌

中國小粉紅飆罵香港抗爭者、臺灣女學生與名嘴控告韓粉毀謗、美國槍擊案凶嫌宣揚種族暴力……「線上仇恨」（Online Hate）起初是網路現象，後來是社會問題，如今演變為政治炸彈，也是當代最難解決的危機之一。

這題目有點艱澀，有點枯燥，卻已點滴滲入數位生活跟現實生活，甚至衝擊公共討論，逼使我們必須正視。我嘗試以問答形式，提出一點粗淺討論。

一、線上仇恨的起源是什麼？

這並非網路全新物種，必須回溯古老文明。一九七三年，心理學家佛洛姆就在《人類破壞性的剖析》一書中，深入探討仇恨與暴力的起源。他的看法是，人類與其他動物的差異之一，在於人類不只防禦侵犯，更會因想像中的敵人，主動進行激烈侵犯，他稱為「惡性侵犯」或「破壞性侵犯」。

破壞性侵犯的成因有很多，有時是領袖崇拜，有時被洗腦說服，有時因自身心理失衡、自戀、恐懼、分離焦慮，或追求集體性的狂歡，尋求外界連結與認同，紓解內在孤獨或恐慌。

佛洛姆的研究放進數位世界，仍有一定解釋力。重要的是，他強調，破壞性與殘忍並非動物本能，而是人類文明化之後，回應外在環境如，家庭、學校、社會壓力時，所釋放的一種激情。

研究網路文化二十年的伊利諾大學傳播學者帕帕克瑞斯（Zizi Papacharissi），提出類似解釋，她認為「人們經常利用網路，獲得他們日常生活缺乏的事務。因此，當人們被社會化，被迫壓抑現實世界的衝動，一旦上網，他們屈服於盡情發洩的誘惑。」

因此，早在BBS時代，就有所謂「鄉民論戰」（Flaming）或「酸民小白」（Troll），臺灣PTT最熱門的討論版曾是「黑特」（Hate），然而當時，仇恨語言大多是一種遊戲或展演，搞笑及惡作劇的成分居多，對於實體社會較無傷害性。

二、線上仇恨如何影響數位生活？

後來，仇恨言論如何破壞網路文化？「新聞討論區」是最好例子。

十幾年前，國內外新聞網站的網頁下方，幾乎都內嵌留言區，當時，我們普遍相信「讀者意見」是新聞的延伸，是公民審議的網路實踐，小自糾舉錯誤，大至新聞事實被檢驗、意見評論被辯證，網友留言讓媒體從業者更加謹慎小心，並擔負言責；有些例子裡，讀者的專業知識甚至補充報導不足，提供新聞延伸線索。

事實既是如此，又不只如此。很快地，草率、惡意的言論主導新聞留言區，媒體組織必須調派大量編輯，二十四小時輪值管理，刪除毀謗攻訐或歧視性留言，否則將跌入惡性循環，只要有一兩名「破壞性侵犯者」，就會讓誠意討論卻步，留言品質無限下跌。

由於人力成本太高，甚至影響媒體報導或網站品質，多數媒體直接關閉留言功能，少數如《衛報》讓網友互相評分、《紐約時報》及《連線》預設隱藏留言，或只允許付費會員發言。隨著臉書崛起，新聞網站普遍嵌入臉書留言框，減少管理負擔；有些完全封閉討論，包括《Popular Science》、《MIT科技評論》等重要科技媒體。

這些發展令人惋惜。意見交流原應是網路強項，然而，線上仇恨讓討論區淪為人性重災區，尤其政治主題，黨派歧異往往摧毀中立地帶。時至今日，「群體智慧」、「多向對話」是一個尚未實現的允諾，一個被襲奪的數位烏托邦夢想。更糟的是，線上仇恨快速惡化公共討論品質，進而引發社會問題。

三、仇恨言論如何引發暴力行動？

臉書為了流量，承接媒體網站的議題討論功能，也付出龐大代價，將內容管理外包給數以萬計的審查員，不斷招致「管理不力」、「戕害審查員身心」等批評。另一方面，線上仇恨產生群聚效應，以美國為例，就快速集中到Reddit、4Chan等社群網站。

其中，動漫討論區起家的4Chan由於管理寬鬆、匿名性高，聚集大批厭女、陰謀論、種族歧視、宗教仇恨的惡意言論。新聞網站Vice在七月統計，自二〇一五年以來，4Chan的仇恨言論增加約四成，宣傳新納粹主義的文字激增，鼓吹暴力的貼文攀升百分之二十五。

月流量兩千萬人次的4Chan還不夠，又衍生出更激進、更少管理的8Chan。今年以來，從紐西蘭基督城到美國德州邊境的艾爾帕索，已有三起重大槍擊案，凶嫌都是8Chan重度使用者，他們犯案前，都在該站發布仇恨宣言，甚至聲稱受網站內容啟發，因而引爆社會爭議，被稱為「網路暗角」。

這些案例並非巧合，根據華沙大學心理學者的實驗，特定群體若不斷曝光在憤怒、敵意的訊息環境裡，確實會升高他們的偏見，強化他們的厭惡情緒；越過某一臨界點之後，這些恨意或歧視語言會被常態化，不再被認為具有冒犯性，進而降低同理能力，最終形塑一種扭曲的世界觀。

接連三起大規模槍擊案，讓8Chan飽受抨擊，尤其慘案發生後，該站用戶紛紛留言讚揚凶嫌是「自己人」，並誇耀死傷人數。就連當初篤信「言論自由烏托邦」的創站人布里南（Fredrick Brennan），都認為應該關站，他向《紐約時報》表示，偏激失控的言論對社會只有負面效益，甚至對網站用戶也有害，「只是他們還不知道」。

不過，布里南已非網站管理者，8Chan歷經網路服務商抵制後，目前仍繼續營運。另一種意見也認為，光是關閉8Chan，不但不能杜絕仇恨言論，反而會讓激進群體更加團結、更偏激、地下化，正如4Chan收緊言論尺度後，反而催生更小、更黑暗的8Chan。

四、線上仇恨有言論自由嗎？有無解決方案？

不同國家，對於仇恨言論的態度各有差異。相較之下，歐盟各國較為嚴厲，二〇一七年，德國通過一項法案，要求社群平臺二十四小時內刪除仇恨、毀謗、虛假內容，否則最高裁罰五千萬歐元，族群歧視、鼓吹納粹、否認猶太屠殺都屬違法。法案實施後，極右派政黨副主席的推文也被秒刪。

法國也有類似法案，除了強制移除極端言論，臉書等社群平臺在法院要求下，甚至必須提供發布仇恨言論的用戶資料、IP位址，供追查起訴。

美國法律對仇恨言論相對容忍，然而，近年槍擊案頻傳，且8Chan案例證實，仇恨言論與暴力行動可能互為因果，美國法院的判決，開始將仇恨言論納入暴力案件的求刑考量。

五、如何回應線上仇恨？有無解決方案？

所以，面對野草叢生的線上仇恨，我們應有哪些心態須準備，能夠採取哪些舉措？

首先，仇恨言論的源頭，經常是躲在匿名背後的虛張聲勢，就像瑞典電視臺曾製作「酸民獵人」節目，當主持人找到網路最惡毒的酸民，拿著攝影機上門採訪，這些在虛擬空間凶狠霸凌弱者的受訪者，雖有部分咄咄逼人，但多數若非慌張逃走，就是信誓旦旦表示會刪除所有貼文，甚至哭著保證不會再犯。

所以，面對線上仇恨，第一個原則就是「忽視」，避免回應甚至交戰。憤怒、屈辱、示弱往往是升高對方氣焰的燃料，有時必須反其道而行。知名例子是，氣場強大的瑪丹娜面對網路酸民辱罵、騷擾，她高調發文：「如果你不喜歡我，卻關注我的一舉一動，混蛋，那你就是我的粉絲。」瑪丹娜霸氣回應，贏得無數掌聲。

當然，並非所有線上仇恨都懦弱無害，有些確實可能演變為人身威脅或暴力傷害，因此，香港年輕的政治領袖羅冠聰，最近準備前往耶魯大學深造，他接獲許多中國留學生的死亡威脅，於是向校方求助，並公開這些貼文。當線上仇恨升高為網路霸凌，甚至衍生暴力陰影，公開揭露並以「司法反擊」是第二道防線。

臺灣雖無管制仇恨言論的專法，但諸如，毀謗、公然侮辱、恐嚇等法條，仍適用於人身攻擊的網路言論。

第三是「加重社群平臺責任」，正如法國與德國的例證，社群網站已不能躲在「平臺中立」的保護下，拒絕為用戶貼文負責。有些網路專家認為，臉書、推特、Google等科技平臺，應該拒絕傳播8Chan等激進網站貼文；另一些專家主張，除了封殺8Chan，更重要的是研究仇恨團體生成與演化路徑，技巧性阻斷群體有機成長，限制並隔絕訊息擴散。

因此，第四是研究仇恨群體的心理，找出刪文或停權以外的方法。例如：有一派學者主張將司法的「修復式正義」概念，引入社群網站管理，讓發表歧視貼文的違規用戶，面對受害者的控訴，讓他理解網路霸凌造成的影響，而非馬上封鎖發言權利。這種方法成本很高，但在部分實驗案例裡，確實能有效促進對話、消解社會矛盾。

每一種線上仇恨的情境，各有不同背景脈絡，解決途徑因而各異。佛洛姆在另一本著作《人類新希望》強調，導致恨和暴力的首要因素，並不是經濟上的挫折，「而是處境的無望，是諾言的一再落空。」

換言之，線上仇恨的源頭，是線下處境的不滿與無望。「線上仇恨」是社會矛盾的複製模型，人性缺陷的數位版本，網路科技只是讓這些怨念與偏見匯聚共鳴、快速流竄。因此，網路社區的憤怒暴力，必須回到實體社會的衝突不安，才能澈底緩解。

網路是流動的，仇恨是流動的，正如時間是流動的，面對這些新型態的意志戰爭，我們無法找出一種核彈式的終極解答，只能理解，只能疏導，只能在時時刻刻的微小鬥爭中，找出方法與意義，適切微調控制並反擊。

——選自 獨立評論在天下FB（2019.09.20）

作者簡介

黃哲斌，曾任《影響電影雜誌》總編輯、報社記者及編輯、新聞網站主管；目前為《天下雜誌》特約作者。先後榮獲二〇一七年雜誌專欄類金鼎獎、二〇一八年亞洲出版協會（SOPA）卓越評論獎。

主編思辨

網路上的臉和鏡子裡的臉，長得一樣嗎？

你是否有過類似的經驗：原本只是想和別人在網路上「溝通」一個概念，結果訊息或留言來回個幾次，忽然就擦槍走火，展開了一段慘烈的終局之戰？

因為網路匿名性的原因，也因為透過文字溝通時，解讀角度的不同（有時候我句子沒有加上贅字如，喔、呢，還會被朋友抱怨「聽」起來太凶），網路的溝通往往是無效化的。再加上立場問題，有些時候我們想像中的溝通，下意識其實只是「說服別人認同我們的想法」，而不是追求對等的關係，難怪溝通無效。

網路世界所提供的，是一種沉浸式的、想吃什麼就一直吃什麼

（直到吃到膩就立刻改吃別的）的自我滿足，透過訂閱、社群推波，我們的視野不一定變得更廣，反而有可能被我們以為自己所愛的事物給局限起來。而網路的匿名性與自由度，也讓我們手中的載具，變成了一個載滿欲望與祕密的潘朵拉的盒子。

當我們每天花了更多時間沉浸在網路的世界之上，每一個在網路上的足跡（或是麵包屑），都會指向我們真正的自己。我很喜歡影集《黑鏡》的概念，因為當我們在暗室之中使用著3C產品上網，雖然透過那一面面大小不一的螢幕窺見了我們期待的世界，但那些螢幕也同時化作鏡面，映照著我們最真實的臉孔。

你覺得自己在網路上的臉，和鏡子裡看到的，是同一張臉嗎？

自主公民的思考

◆你是否曾在網路上跟別人產生衝突？能否簡單形容當下的情況？在衝突之後，你的心情如何？

◆在社群媒體上，是否遇過非常不舒服的對待？你是如何調適心情及面對？

06 工作需要什麼？自由還是保障？

工作是我們多數人賴以維生與實踐自我的方式，好的工作必然建立在兩個基礎上，一是「自由」，讓工作與生活保持平衡；另一是「保障」，確保我們在工作中有安全與合理報酬。

當工作型態演變成「平臺經濟」或「零工經濟」，「自由」與「保障」會有什麼消長或變化呢？唯有弄清楚當中的利弊得失，才能做出最適合自己的決定。

選文

零工經濟是好經濟？——工作自主與勞動保障的拉扯

／張烽益

每隔一段時間，就會有個代表人們對既有工作牢籠解放的新名詞出現，然後誇大、吹捧、販賣它。那可能是一種打造出來的解放欲望，一種虛幻的生活想像，就像旅行業者打造出的度假小島、觀光商品一樣。

當前最火紅的名詞是：「平臺經濟」（Platform Economy）、「零工經濟」（Gig economy）、「隨選經濟」（on-demand economy）、「群眾外包」（crowdsourcing）等等。這些用語就好像魔術棒可以點石成金，不管是新書還是講座的標題，只要排列組合上述名詞，就會吸引大量眼球注視。確實，新科技的發展，帶來新的經濟與勞動樣態，例如：智慧型手機的普及，透過網路平臺的立即資料傳輸與即時定位，能快速媒合服務提供者與需求者，進而影響傳統勞動的樣態。

某些新形態的經濟活動與勞動狀態應運而生，例如：Uber、滴滴出行、LALAMOVE等這類「隨選經濟」便是其中代表。至於群眾外包或個人工作室接案等的工作型態，或是強調個人多工、多專長的「斜槓」，其實在過去早就存在，只不過因目前網路平臺發達，讓雙方交易成本更低且更盛行，但絕非是新趨勢。

零工經濟的崛起

「零工經濟」會在當前臺灣掀起如此巨大的迴響，甚至成為一種「潮商品」，其實是一種對「過勞低薪為經、壓抑服從為緯」所形成之勞動體制的集體反抗。還記得十多年前，有一個類似的名詞——SOHO族（蘇活族），也曾經風行過一陣，是當時每個苦悶上班族的心靈雞湯，每個人都嚮往可以過SOHO族的生活。易言之，人類社會每隔一段時期便會有一股想從朝九晚五、一成不變、沉悶、看人臉色的勞動階層體制解放而出的欲望。

特別是，當前臺灣新一代的年輕人是在民主與富裕的環境中成長過來的，其工作觀已經轉變為強調「自我實踐」、「工作自主」的個人自由意識的展現。工作成為自我實踐的「目的」，而不是如上一代將工作當成謀生賺錢的「手段」，也因此衍生「草莓族」VS.「慣老闆」的世代衝突。

現在的年輕世代不再將工作視為生命的全部，也已對上一世代「要拚才會贏」，為了工作鞠躬盡瘁的生活型態說再見了，而此代表一個社會的價值改變——工作不再是生活的唯一目的，職場的成功也不再是成功人生的唯一指標；工作之外，還有更多值得關注的事情。

當代年輕人這類以滿足個人需求的工時彈性、自主調控工作節奏的工作觀，與當前臺灣依循標準化製作、趕工的製造業與高科技產業「接單代工」模式，產生了根本性的衝突。上一代的大富翁人生，是先當黑手，一旦翅膀硬了，就跳出來變頭家，快速累積財富；這一代青年的桌遊人生，是先遊歷四方，見識各業，一旦時機成熟，找好適當職位，實踐自我，享受人生。

而強調更自主、更彈性的「零工經濟」就在這大潮流之下興起竄紅。不過，在強調工作自主彈性美好底下，其實隱藏了工作不穩定的黑暗面。

隨選經濟的黑暗面

以加入平臺會員，透過手機APP即時挑選分派勞務的「隨選經濟」，快速且大規模的滲透入勞動生活，是這一波「零工經濟」浪潮當中，影響最大的新勞動型態。

「隨選經濟」呈現兩極現象：一邊是少數專業者，如，高知識門檻的程式撰寫或專案工作等，才能獲得高報酬；另一極端則是數量龐大的低技術門檻的工作者，以低所得提供頻繁遞送人或物的服務，而這些龐大的蟻族大軍才是真正衝擊勞資關係的新勞動型態，必須加以探討與因應。

由於APP讓乘客與司機之間的交易成本降低，雙方可以透過手機衛星定位即時標示地理位置，據此媒合行動中的買賣雙方，因此司機載人或載物的技術與資本門檻相當低，有駕照、一臺車，人人都能註冊，再加上工作時間自主，吸引大量的勞工投入。

Uber的叫車服務是最為人熟知的「隨選經濟」。根據Uber創辦人Garrett Camp在二〇一七年六月宣稱，全球共有兩百萬名Uber駕駛，至於美國有多少Uber司機則眾說紛紜，有人推估約一百三十萬名。

不過Uber創造的零工經濟是否為一個好的經濟運作模式則有待商榷，根據美國智庫「經濟政策研究中心」（EPI）在二〇一八年完成的Uber與勞動市場調查報告《Uber and the labor market》指出，美國共有八十三萬名Uber駕駛，當中有九萬名是全職。該研究並發現扣除Uber規費、車輛花費與自付的社會保險費用之後，Uber司機平均時薪僅有9.12美元，而Uber在美國所創造的年度總報酬為五十億美元，約為全國薪資報酬的0.022%，並依此推估美國零工經濟所創造報酬僅有全國薪資報酬的0.034%，也就是說零工經濟的經濟效果在美國是非常有限，而且是低薪產業。

至於中國最大的叫車平臺「滴滴出行」（DiDi），也有超過一千萬的註冊司機，每天有兩百萬名司機提供載客服務，去年提供了七十四億次服務遠遠超越Uber的四十億次，成為全球最大的叫車平臺。這些享有工作自主的司機，同時也面對勞動保障的缺乏，這群看似有高度勞動自主權的自由叫車工作者，其實更無力對抗平臺公司，因為平臺經濟的競爭優勢在於不需負擔雇主責任。

在二〇一八年的四月底，港資企業「貨拉拉」（LALAMOVE）送貨平臺，由於片面調降中國司機運費的計算方式，引發長沙、西安、昆明等地司機的罷工抗議，要求「貨拉拉」重新上調司機運費和解決不公正推單等問題。巧合的是，臺灣在同一天也發生Hello Taxi叫車平臺下所屬的司機，因為公司無預警歇業倒閉，引發被積欠工資的司機出面抗議。

這些註冊登錄的司機，是勞動法定義下的「獨立自營作業者」，由於擺脫傳統僱傭關係中雇主的指揮監督，而得到了勞動自主，但也失去了國家法規上的勞動保障，這是一種兩難，勞動自主多一點，勞動保障就會少一點。

例如：前述中國的「貨拉拉」片面降低運費計費方式，若發生在臺灣，司機就無法引用《勞基法》第十四條片面調整勞動契約的被迫離職規定，而向雇主請求資遣費；後者的臺灣Hello Taxi倒閉事件，司機也不能引用《勞基法》的規定要求國家先墊償司機被積欠的工資，更沒有資格領取失業給付。

數位經濟的勞動保障

面對零工經濟所帶來對傳統勞動保障體系的衝擊，德國工會聯盟主席曾召集學者專家組成「勞動的未來」委員會，其報告書認為，面對數位經濟之下的新勞動型態，必須以「保護勞動的四階段模式」來作為因應：

1. 先確認是否為「接受指揮監督」的從屬勞動關係？如果是，就必須納入最完整的勞動保障。
2. 如果不是上述從屬性勞工，那就必須新創設一種新類型勞工，使其享有社會保障，甚至賦予其組織工會與雇主談判團體協約的能力。
3. 有從事勞動事實的勞動者，應享有職災保護、就業平等、失業保險與原本專屬於單一企業的權利轉變成的可攜帶式權利。
4. 將保護層次提高到重建民法與經濟法，以扭轉當事人間不對等的地位。

也就是說，數位經濟時代的勞動保障是把傳統一籃子的全包式保障，拆解成多層次的保障方案，以因應不同類型的新勞動型態。此外，以更廣泛的社會契約共同解決個人風險，或採無條件基本收入作為解決科技發展所帶來的多元勞動型態，甚至是勞動職位喪失的方法。

新科技的出現與應用是否真為中立、進步的線性發展？新科技所衍生的新經濟就是好經濟嗎？像Uber或滴滴出行這類透過APP與智慧型手機所衍生的新勞動型態，看似讓「人」與「事」達到史無前例的即時交易，同時毫無障礙的讓供給與需求雙方達到最均衡的價格滿足。然而，即便這幾年全球有超過一千萬人註冊成為司機，但近期的趨勢發展，則顯示出以犧牲勞動保障來享有勞動自主的工作型態，一旦勞工的所得過度依賴平臺的分派，平臺公司的定價宰制力便將開始發威。

如此一來，零工經濟下的勞工將走向兩頭空的惡果，不僅喪失彈性自主，也失去了勞動保障。而最終獲利的，始終是財團，儘管此時它有了新的名字，叫做平臺經濟。

——選自 UDN鳴人堂（2018.07.03）

作者簡介

張烽益（1966～），國立中正大學勞工研究所畢業，現為臺灣勞動與社會政策研究協會執行長。長期關注臺灣勞資關係與勞動政策發展。

為《新國有政策》、《崩世代》、《搞工會》與《公平經濟新藍圖》等專書之共同作者，長期經營鳴人堂、報導者網路專欄。

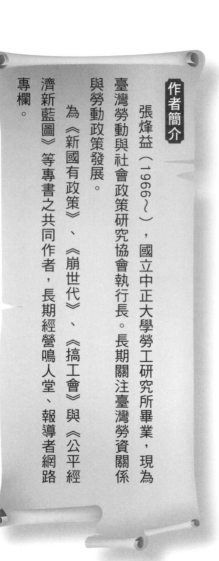

主編思辨

又便利又便宜，有可能是建立於壓榨他者之上

透過手機使用平臺服務，親身體驗了更為貼身的服務，此舉的確讓多數人產生了世界正變得更便利、更美好的感受。然而，我有一個朋友經常提醒我說，當我們的生活突然便利起來，就會有人的生活受到波及。我一開始總笑他危言聳聽，見不得人好，後來才發現確實如此。

平臺經濟以制度化和規格化的計算，方便更多新血投身其中，然後又用評論機制，讓消費者針對提供服務者給分。表面上你來我往的評論制度，實則協助了平臺方得以加以控制員工或是製造更多用完即丟的免洗勞工，而在中國甚至曾經發生外送員因為被打了負

評而殺死消費者的事件。除了平臺經濟之外，更不用提我們最常誇耀、全臺引以為傲的便利商店，其實也曾收過血汗超商的控訴。

便利、便宜，如果同時存在於某種服務之中，一定有人被壓榨了。值得欣慰的是，近年來，每逢颱風天或是天候極其惡劣的日子，網路上就會開始流傳「不要叫外送」的呼籲。這讓我願意對於平臺經濟懷抱著光明的想像，而其成功的關鍵，就在更多能夠同理他人的消費者身上。

自主公民的思考

◆你想當個「平臺經濟」的自由工作者，還是每天打卡固定上下班的上班族？

◆你認為自己（或將來的自己）的工作型態是如文章中所描述的「這一代青年的桌遊人生，是先遊歷四方，見識各業，一旦時機成熟，找好適當職位，實踐自我，享受人生。」嗎？

07

用最溫柔的方式，陪摯愛的人走最後一哩路

「居家醫療」，不是最新的醫學名詞，沒有最新的醫療科技，但卻是幫助「病人」在臨終時，找回身為「人」的身分與尊嚴，讓「人」留下最後一抹美麗的身影。

選文

死亡不是儀器上的一條線，而是生活裡的一幅畫

／陳莞欣

在醫院裡死亡和在家中過世，有什麼差別？對台東聖母醫院居家醫療主治醫師余尚儒而言，前者是一條線，後者則是一幅畫。

醫院裡的臨終場面，經常是這樣的：急救插管、送加護病房、發布病危通知、和家屬溝通放棄維生治療與否、選擇拔管時間、戴上氧氣面罩……最後，監視器上的所有數值歸零，心跳變成一條線。醫師確認死者已無脈搏、呼吸，正式宣告死亡。

在家中發生的死亡，是另一種截然不同的景象。臨終者躺在他平日睡的床，牆上掛著他喜歡的畫，家人們就在房間裡安靜做自己的事。每隔一段時

間，家屬會摸摸臨終者的手，感受他的溫度與脈搏，直到熱度與鼓動都慢慢消失為止。

余尚儒形容，自己第一次看到沒有任何醫療介入的「自然死」場景，就像是一幅十七世紀的油畫。死亡，可以是生活裡的一幅風景。

醫院裡的處置都是加法，居家醫療則盡可能用減法。

離開醫院病房，余尚儒選擇成為居家醫療醫師，深入患者家中。他認為，兩者最大的差異在於，前者在生命末期的處置都是加法，後者則盡可能的用減法。

日本人有「天壽死」的說法，指即將過世的人毫無痛苦的在家等待，讓家人隨侍在側，平穩的往生。余尚儒遇過一位重度失智、終日臥床的阿嬤。家屬以湯匙將食物舀至阿嬤嘴邊，讓她持續自然進食，一個月後，她在睡夢中辭世。過程基本上舒服、平靜，沒有用藥、不用插管，是最貼近自然的死亡。

如果說「自然死」是死亡的最高境界，次一級則是「平穩死」。平穩死的患者在臨終階段，可以使用嗎啡等藥物，緩和生理上的不適，但是不以打點滴、插管等方式給予人工營養。

余尚儒指出，當醫療器材、資源的取得變得太過容易時，在醫院裡自然死或平穩死就會變得益發困難。例如：患者一進醫院，護理師就會詢問家屬是否要裝針頭、導管，方便日後打藥。裝上導管以後，家屬通常會希望「物盡其用」，「既然有管子，順便也打個點滴吧！」此外，大部分的患者都會裝監視器，時時監測脈搏、血壓和氧氣濃度。一旦數值往下掉，就會有新的醫療處置介入。

相對的，居家醫療現場沒有這些醫療器材，反而讓往生者可以更自然的死亡。余尚儒在日本曾見過一個案例，患者回到家，居家醫療的醫師就幫他拔掉所有管路、停止打點滴。在醫院裡不可能發生的事情，在家卻如此自然，為什麼？「那些管子對患者臨終的生活品質已經沒有幫助了。當你沒有選擇時，自然就會減掉不必要的東西。」

臨終像自然凋落的葉子，不澆水施肥才能走得漂亮

我們想像中的臨終，應該是一條不可逆的單行道，病況惡化、無法好轉，一路通往死亡。但事實上，人生最後一哩，可能是一段重複往返的路程。

余尚儒觀察，除了癌症以外，多數慢性病的患者到真正臨終前，會經歷好幾次的照顧循環：患者因為緊急狀況送醫，接受治療後好轉返家，直到下一次入院。日本研究顯示，七十五歲以上的男性，死前會經歷三至五次的照顧循環，女性則是五至七次。

不停的重複送醫、返家，到底什麼時候可以結束？余尚儒建議家屬，不妨以當事人的意願為主。多數的慢性病，像是高血壓、器官衰竭等，不像癌

症一樣有「末期」的概念，而是處於一種「不會好，但也不會馬上死」的曖昧狀態。因此，當本人覺得不想再去醫院，或者家屬達成共識、願意放手時，就是居家醫療或安寧團隊可以接手的時刻。

余尚儒指出，不論是何種疾病，人在生命末期時會需要送醫，通常有幾種狀況：呼吸會喘、疼痛、發燒、感染、無法入睡。這些狀況其實可以透過良好的照顧來避免，或者只需一點藥物和醫療處置就能在家解決，不一定要送回醫院。

「衰老死亡的老人，像一片枯掉的葉子。」余尚儒比喻，有時醫院給予臨終患者的醫療介入，就如同幫即將枯萎的植物拼命澆水、施肥，不會喚回生機，只會讓他長蟲、發霉。例如：打點滴會讓患者的痰變多、鼻胃管灌食則可能造成逆流，引發肺炎、發燒。

聽起來或許有些弔詭，但對末期患者而言，給的醫療資源愈多，可能產生的併發症愈多、生活品質愈差。因此，余尚儒常勸家屬，「不要勉強生命，生命最清楚下一班車什麼時候該來。」

每個人都有選擇尊嚴死的權利

在醫院裡，總有一些被家屬認為是「老番顛」的老人，對於治療方式很有主見和堅持，讓子女傷透腦筋。但余尚儒認為，這些老人其實並不是頑固，而是希望自主選擇臨終前的生活方式，最後能夠有尊嚴的死去。

例如：他碰過一位食道癌末期的患者，被醫院判定沒辦法以口進食，必須裝灌食管和氣切管。出院後，患者決定不再用肚子上的灌食管灌食，過著安全卻沒有「味覺」的生活。他盡情的以口就食，吃太太煮的豬腳、滷花生、水餃等各種美食，半年後才陷入昏睡離世。「我也很怕他會有併發症，但他說如果出事，就幫他打針、讓他舒服的在家裡死就好。」余尚儒指出，當患者已經做好準備，醫師會盡量支援他過想要的生活。

另外一個有趣的例子，則是一位九十多歲、堅持不洗腎的老太太。不管醫師、家屬再怎麼勸告，老太太的答案都是「不要」，「就算兩個禮拜後就會死掉，我也要回家」。返家後第一個禮拜，老太太的狀況非常好，自己煮飯、和鄰居聊天，到處走來走去。第二個禮拜，尿毒的症狀開始出現，她陷入昏睡，一週內就離世。余尚儒形容，雖然老太太回家度過的時間很短，但就像櫻花凋零前會先綻放一樣，「她已經享受到生命中最後一段花開的時間了。」

「每個人都有權利表達在生命最後的階段，他希望怎麼被照顧。」余尚儒強調：有人希望能插管到最後一刻，有人不惜縮短性命也要回家過原本的生活，這些都是個人的選擇，沒有對錯。居家醫療不是要求大家都得放棄臨終前的醫療處置，而是讓當事人有機會做不同的選擇。

死亡可以是往生者送給我們最好的禮物

余尚儒感嘆的說，不管是醫學院的學生或是一般醫院裡的醫師，多數人最熟悉的都是加工過的死亡。「我們都在學怎麼讓病人活，卻不知道怎麼好好讓病人死。」

當代醫療的進步和普及，反而讓死亡與生活脫離。然而，隨著臺灣進入高齡化社會、健保負擔愈來愈大，醫院勢必無法容納所有臨終者。如何在家照顧患者到最後、讓死亡回歸生活，將是人們無可迴避的課題。

看過許多臨終的病人，讓余尚儒印象最深刻的死亡場景，卻出人意料的平凡。那是他在嘉義的醫院工作時，一個社區裡的個案。老人即將過世的前幾個小時，家屬還在家門前的店面賣便當，顧客根本不知道門簾後有個人準備好要上路了。

沒有醫院裡常見的急救插管，也沒有戲劇裡家屬的哭天喊地。這個故事聽起來平淡無奇，但死亡不就該如此的接近日常嗎？

余尚儒認為，死亡並不如我們想像中駭人，甚至可以是死者傳承給生者的禮物。當往生者安詳、舒服的離開時，活著的人會體悟到：原來這就是人生，這就是死亡。摯愛的人以他們的離世，教會我們最後也最重要的一課：「你可以把死亡這個禮物做得很好，讓大家看了都很喜歡！」

——選自 全國最大熟齡媒體50+（2017.09.06）

作者簡介

陳莞欣，(1990~)，國立臺灣大學新聞研究所碩士。現為《50+》資深編輯，關注醫療、長照、等熟齡社會相關議題。

主編思辨

一直好好活，別忘了好好死

二〇一八年六月七日，胰臟癌末期的傅達仁，於瑞士完成安樂死。在他生命最後的一段歲月，這一位家喻戶曉的球評透過臉書與媒體不停倡議，讓人能夠選擇有尊嚴的安樂死，而不是在病榻上遭受反覆的折磨，甚至無法自理最低程度的人世需求。

為什麼「死得有尊嚴」如此卑微的請求，卻往往事與願違呢？如同余尚儒醫師所說的，「我們都在學怎麼讓病人活，卻不知道怎麼好好讓病人死。」這或許也與過於強調孝順的教育以及醫療的進步有關，過往，在醫術尚未發達的年代，其實很多人（不只老人家）都不太敢進醫院，深怕一進去就出不來。然而，在醫療技術大

幅提昇的今天，許多延續生命的方法陸續發明，許多家族親友為了表示孝順，往往違背了長輩或當事人意願，要求醫生無論如何都要維持住其生命。然而，看在病床上的當事人眼裡，或許覺得自己的心聲遠不如那一臺測量自己呼吸心跳的機器。

我們花了許多的時間去慶賀一個生命的誕生，也有許多複雜的儀式去歡送其離去，卻往往忽略了所有的殯葬儀式多半是留給在世的人的慰藉，而生命當中最重要的尾聲，也就是好好的死去這件事，卻往往出於禁忌或避諱，鮮少被提及。

享壽八十七歲的傅達仁，遠赴瑞士接受安樂死，完成了生命最終的夢想，而他的行動也在更多人的心中留下了星火，提醒我們唯有坦然面對死亡，才能夠在生命結束之前，好好告別，把這一門最後的生死學傳遞給身邊珍貴的人們，讓他們體會好好活過的生命之重。

自主公民的思考

◆假設你的親人罹患重症，隨時有可能過世，對方希望可以進行居家醫療、在家臨終，你能支持至親的決定嗎？

◆假設你罹患重症，必須臥病很長的時間，生活、學業、社交都必須停止，連日常生活（洗澡、上洗手間、走路等）都需要別人協助，你會想怎麼度過這段時間？你希望怎麼被照顧？

08 腳下土地的另一番風景與想像

過去為了利益對環境進行名為「經濟開發」的改造，一片欣欣向榮，但土地與環境的使用只能為經濟服務嗎？現今若能少一些「經濟開發」，多一些棲地、植物、動物，營造對所有物種（包含人類）都有利的生活空間，相信會是另一番美麗的榮景。

選文

石虎保育誰的事——你願意放棄「過得更好」的權利嗎？

／陳美汀

近幾年石虎保育受到相當大的關注，但仔細想來多是議題式的關注，最早的新聞是苗50線拓寬、緊接著福祿壽殯葬園區、臺13三義外環道、裕隆三義二廠擴建，逐漸的，石虎路殺也成了民眾和媒體關注的焦點。

坦白說，身為石虎生態研究和保育人員，對於這樣的現象喜憂參半。喜的當然是有更多民眾認識、甚至關心石虎的處境；憂的是部分在地居民對石虎的觀感反而因此更加惡化——前者當然就無需多做說明，後者則是關係到在地居民的價值觀。

一般而言，會與石虎有直接相關的在地居民，是養雞戶。對於自家辛苦養成的家禽遭受不明動物獵捕，或有無奈接受的，或有憤怒防堵、除之而後快的，我們自然是可以理解的，至於造成損失的是什麼動物、是否瀕危，卻並非他們所關心的。

其次有關係的就是在地居民對於開發的期盼。許多居民期望有更寬的路可以讓生活更便利、行車更安全；期盼更多的路讓地方發展、更多的工業區讓子孫能回鄉工作；甚至，期待道路和工業區的開發能使土地增值。然而，以上的開發是否真能達成他們的想望？一般人是沒有能力或資訊能夠加以判斷的，只能相信地方有力人士，甚至地方政府的遊說與宣傳。因此，當有一種「動物」會阻斷他們「所認為」的進步或利益時，原本不相干或無害的動物就變成絆腳石了。

石虎是瀕臨絕種的保育類野生動物，近兩年研究估計，全臺灣可能不到五百隻，因此，任何與其族群和棲地相關的開發和活動，都關乎著臺灣石虎的存續。目前已知石虎主要棲息在低海拔的淺山（里山）地區，這也意味著只要是淺山地區的開發和活動都會對石虎族群帶來影響。

究竟，臺灣石虎族群面臨哪些威脅？最大的原因還是棲地減少、破碎化和劣化；接著伴隨而來的，就是二次開發和人為活動進入後所產生的路殺、毒殺、非法獵捕（如，獵狗、捕獸鋏和捕獸籠）、外來種競爭與威脅（主要是犬、貓）等。然而歸根結柢，導致棲地減少、破碎化和劣化的根本原因，無非就是人類的各種需求。

淺山地區，早期人口較少，對土地的利用程度較低，也較為永續。但隨著人口的增加，對於房舍、農地、公共建設、甚至工業區的需求也不斷地增加。除了開發的土地面積不斷擴張之外，機械化、商業化和科技化也加速了我們對環境的利用，例如：山坡地的過度利用、農藥的過度使用，都更進一步導致石虎棲地更加的破碎化和劣化。

從石虎生態研究與保育一路走來，我看到的雖然是石虎所面對的種種威脅，但所有問題追根究柢，其實還是在於我們對生命價值的混亂，以及人類的自我膨脹。這也是目前臺灣許多問題和現象的根源。

以往家庭、學校或社會教育，總是引導我們如何「讓自己」過得更好，卻忽略引導我們如何「讓其他生命」過得更好。因此，人的自我意識不斷膨脹，認為萬物皆為人所有、所用。以致人的生活需求膨脹，除了維持生命基本所需，還要更多的物質奢華與享受。加上人口膨脹，所有的人類毫無節制的利用、甚至揮霍地球上的資源，而忽略這一切所影響的，是與人類共生共存的各類物種，影響層面所及，當然也包含了人類自己的現在以及未來。

因此，保育究竟是誰的事？公務員、研究學者、民間環保團體、關心生態的民眾、還是生活在這個土地上的每一個人？

近幾年的研究資料顯示，目前臺灣還有石虎生存的區域，只剩苗栗、臺中和南投地區，難道石虎族群的存續只與這些地區的居民有關嗎？早期文獻人致可看出過去石虎為「臺灣全島低海拔地區普遍分布」的動物；到了十九世紀中期，已逐漸減少，成為「部分地區常見」的動物；直到十至二十年前，原本仍有石虎紀錄的嘉義縣與臺南縣，也已多年追蹤不到任何石虎紀錄。

姑且不論石虎在生態上的意義與功能，僅試想：這種能適應許多棲地環境的物種（生態學上稱為generalist species），竟然在臺灣面臨瀕危困境，正警示著臺灣的淺山環境，究竟惡化到怎樣的地步？

不諱言，筆者對於石虎保育甚至臺灣的生態保育，其實是不斷的在無奈和挫折中奮起再出發。我們對於石虎這個美麗又神祕的物種剛有些了解，對於我們對牠們造成的傷害也才正在努力做些彌補，但是，我們的努力夠多嗎？投入的關注和資源對於一個族群數量不到五百隻的物種，足以挽救牠們瀕危的危機嗎？

石虎這個與人類的利害關係如此多元與複雜的物種，牠的保育成果其實反映著臺灣的保育前景，當保育的對象（物種或棲地）遇上人類（在地居民、企業、公部門、甚至我們自己個人）的利益時，簡化的對應政策，往往是雙方皆輸（即使表面上某方看似贏家）。如果保育的觀念沒有在民眾心中內化成深刻的價值觀，並實際付諸行動，就無法舉步維艱的抵抗現實的挫敗，勇往直前的邁進；如果保育對策沒有更細膩、更同理心的考量，其效益最後不一定能回饋到石虎族群身上。

最後，其實也是我最想說的——「保育」考驗著我們每個人對於生命的價值和責任的體現，我們是否願意為了一個生命、一個物種、甚至我們的環境，放棄一些「過得更好」的權利（姑且稱之）。

你願意多付出金錢支持更友善環境的產品嗎？你願意用更緩慢的車速和更多的交通時間讓其他生物少一些被車撞的機會嗎？你願意用更簡單樸實的生活讓其他生物獲得多一些生存的空間嗎？你願意更負責任的關照自己身旁（或流浪）的動物嗎？不因自己的便利，而去傷害其他物種的生命嗎？你願意與其他生物分享你的山林農地，並且進一步守護牠們嗎？你願意一起加入保育石虎的「行動」嗎？——是的，我願意！

——選自 UDN鳴人堂（2018.04.06）

作者簡介

陳美汀（1962～），臺灣石虎保育人士、學者，專長為石虎生態研究與棲息地保育，人稱「石虎媽媽」，現任臺灣石虎保育協會理事長。二〇一二年，在苗栗縣通霄鎮楓樹窩社區推動無毒耕作，由於耕作方式能夠保育石虎的棲地，出產的米又稱「石虎米」。二〇一八年，發起「救救臺灣石虎」計畫，改造一百間雞舍，避免石虎與養雞農戶起衝突。

主編思辨

此路是我開，你是石虎你活該

這一篇文章有一個段落讓我不寒而慄：早期文獻大致可看出過去石虎為「臺灣全島低海拔地區普遍分布」的動物；到了十九世紀中期，已逐漸減少，成為「部分地區常見」的動物；直到十至二十年前，原本仍有石虎紀錄的嘉義縣與臺南縣，也已多年追蹤不到任何石虎紀錄。

雖然只是簡單的資訊交代，但我腦海中所浮現的，是一隻又一隻的石虎，原本在各地活得好好的，最後卻因為隨著人類遷徙的腳步，而被驅逐、捕獵，最後慢慢消失的過程。曾在電視上看過，有官員說石虎不過是動物，要為人民謀福利，就是要有取捨。

這樣的說法，或許過於簡化了生物多樣性以及本土原生種對於一個地區的重要性。開發與保育向來是兩難的，有時候也是互相矛盾的，然而，許多人對於開發或所謂文明生活的想像，建立於馬路夠大夠寬、房子夠大夠高。扁平的想像，除了浪費公帑，也限縮了多數人對自然環境共存的可能。開發可以是多元的，在外國有許多良好的風景保護區，維持自然水土與生態系的樣貌，在限制旅客數量的規則下，反而讓當地的居民有了穩定且可觀的收入。

如果我們認定人類是萬物之靈，更應該善用這份靈性，去思考與世間萬物共存的方法，畢竟，萬物與環境消耗殆盡的景況，對於人類而言，是絕對沒有好處的。

寫到這裡，臉書上又捎來一則石虎路殺的新聞，唉，五百隻又少了一隻……

自主公民的思考

◆ 你知道有什麼物種是即將滅絕？你可以做些什麼，來幫助這個物種的生存呢？

◆ 若生活在當地，你願意放棄一些「過得更好、更便利」的生活，來讓其他物種有生存的機會嗎？

PART 3

看見世界

- 塑膠變形記
- 沒有任何語言可以代表「國際觀」
- 便利貼下的公民運動
- 誠實的力量，希望「黑歷史」終能被陽光照亮

09 塑膠變形記

垃圾堆裡也是充滿科學的，研究發現塑膠垃圾不只很會跑，還可以一直變小，哪天不知不覺就沿著食物鏈跑回我們身邊，甚至體內；環境與人是共存的，不是善待彼此，就是互相傷害。

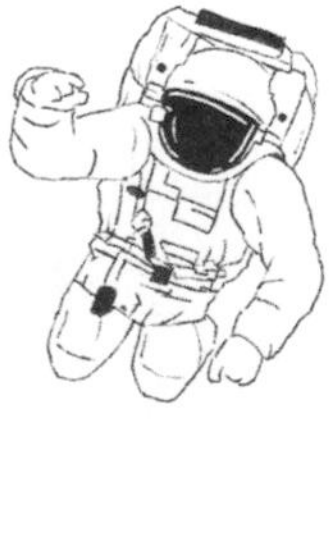

選文

無所不在的海洋微塑膠入侵記

／鄭涵文

座落基隆的外木山海灘，平整溼潤的潮間帶上布滿白色塑膠杯、藍色瓶蓋及不明的紅色塑膠小盒子，他們像被海浪嫌惡的推上了岸，形成一條刺眼的垃圾線。垃圾線一旁，孔燕翔（Alexander Kunz）唰的一聲把一只金屬鋼框掐進沙裡，並把框內沙子鏟進大水桶，再扛回實驗室。他準備揪出桶裡所有尺寸小於五公釐（mm）的微塑膠（microplastics）。

根據全球各地的海洋廢棄物紀錄，塑膠垃圾約占八成。然而，近年來科學家發現，不僅大型海廢讓人頭痛，細碎到能躲在沙中、隱身在海裡的微塑膠，更是麻煩。也因此，相關研究近幾年快速竄起，在臺灣第一個起身調查的，不是臺灣人，而是眼前這位髮色棕灰、眼睛碧綠的德國人孔燕翔。

在臺灣大學地質科學系擔任博士後研究員的孔燕翔已來臺六年，因為愛山又愛海，特別喜歡臺灣山海如此相近。他原來的專長是地質年代測定，為此他常常考察海灘。但四處採取沙子樣本的同時，沙灘上不搭嘎的塑膠碎片，引起他的注意。他納悶，何以遍地都是小塊塑膠？回家一查，卻找不到任何與微塑膠相關的臺灣研究。

在德國，科學家已發現不只海裡有微塑膠的蹤跡，連河水、湖泊都被入侵。因此在原本的實驗室工作之外，他決定自開一項新的研究，要看看臺灣沙灘究竟怎麼了。

支持他做這項初探研究的，是臺大地質科學系教授陳于高。陳于高說，他隱約知道微塑膠有害生態，儘管汙染調查和地質年代測定分屬不同領域，「但科學是自由的，」他還是鼓勵孔燕翔去做。

後來孔燕翔結識了有共同擔憂的夥伴，任職於臺北醫學大學全球衛生暨發展學程助理教授華博諾（Bruno Walther），地質學家加上公衛專家，這兩位被臺灣「垃圾滿灘」的海岸線嚇慘的德國人，就這樣一塊做起了第一個、也是唯一一個臺灣沙灘的微塑膠汀染初探，並在二〇一六年刊登於《海洋汙染學誌》（Marine Pollution Bulletin）期刊上。

這份初探研究考察了北臺灣四個型態互異的海灘：沙崙、白沙灣、外木山與福隆，從沙灘取出十公分厚的沙樣，再精算微塑膠的總量。

陳于高眼裡，孔燕翔是嚴謹的科學家。他先洗去沙子、挑掉玻璃等非塑膠的物質，再淘汰尺寸較大的塑膠碎片。剩下無法用肉眼分辨、小於五公釐的碎片，需用顯微鏡觀察粒子的紋理，甚至要用上FTIR光譜儀，才能揀選出隱身其中的微塑膠。很多時候，貼在顯微鏡前，在強光之下用極尖的小夾子挑著、分著，一天就這麼過去了。

耐著性子挑了數週的結果是：四片沙灘都已被微塑膠入侵。在體積約是一塊厚椅墊（0.025立方公尺）的沙樣中，白沙灣有二十片微塑膠、福隆二十片、沙崙四十一片，而離基隆港最近、有被定期清理的外木山，竟找出一千零一十六片微塑膠。孔燕翔再以顏色、形狀和材質分類，他發現很多碎片已經因為日晒、風化，變成半透明、鵝黃色的小圓球，「這表示它們已待在海灘上很久了」。

根據科學家在全球各地的研究，微塑膠已無所不在。一只寶特瓶、一顆漁業用浮球，都能在自然環境中不斷裂解成千萬個更幽微的存在，並以更小的身軀持續擴張版圖。海裡有、河裡有、湖裡有。日本九州大學與東京大學更在去年發現：杳無人煙的南極海裡，都有微塑膠的蹤影。

孔燕翔解釋，雖然各國的調查在取樣範圍與採計方法上互異，但大致換算起來，臺灣海灘被微塑膠影響的嚴重度，和韓國、香港、英國、葡萄牙及南美洲相似。只不過，其他國家都已開啟各式研究，但臺灣才正要起步。

——選自 報導者（2017.02.09）

作者簡介

鄭涵文（1989～），曾任記者，後於學術出版界小打滾一陣，現任圖文創作者，希望就這樣畫下去。迷戀資訊圖表，關注醫藥、海洋及廢棄物議題。

與《報導者》夥伴合著《血淚漁場》一書。

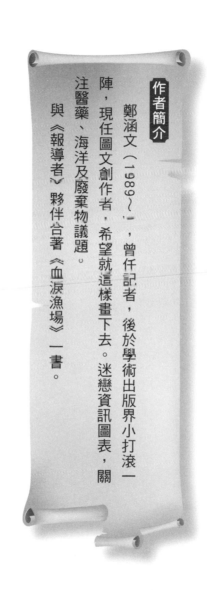

主編思辨

你所丟棄的垃圾可能活得比你更久

第一次淨灘時，我在灰黑色的沙灘上發現兒時最愛吃的零食包裝袋，結構依然完整，只是經過刷洗與日晒而褪色，讓我不禁回想，這一只印有巨大蝦子的零食包裝袋，會不會是我小時候旅行時所拋擲在外的垃圾，經過十餘年的時光，如今復返我身邊。

海廢可怕之處，在於它會無限裂解至肉眼無法辨識的微顆粒，再透過食物鏈，進入生物體內，不僅危害環境，也對健康造成了慘痛的影響。而隨著潮汐、洋流而移動的垃圾，終究是沒有清完的一天，也只能如文章所提到的：民眾需意識到自行減塑、積極淨灘避免大塑膠碎成微塑膠，仍極其重要。大型海廢就像息肉，在它惡化

成腫瘤、擴散至其他器官之前先行移除，還是能救海與灘一命的。

我曾經因為網路節目《熱青年》的邀請，而展開一連串的環保體驗。先是在大街上撿拾垃圾與煙蒂，而後則是前往資源回收環保站，去處理回收過後的寶特瓶（廢棄牛奶瓶或是燕麥奶瓶開蓋後，那氣味與所見之物帶給我深深深深的顫慄）與塑膠袋，甚至也隨著資源回收車出發，去各店家收拾紙箱與各式回收物件。經過了所有的歷程，才清楚原來當我們把垃圾投入「一般垃圾」或「資源回收」垃圾桶之後，事情並未就此結束。所有垃圾的分類與撿拾，甚至更細部的清洗與重製，都必須仰賴更多人的善心與義舉，才有可能讓這些垃圾有機會化作真正的資源。

處理垃圾與海廢問題，是一場長期戰爭。雖然每每看見新聞，又有海洋生物因為吞食塑膠袋而死，會覺得絕望難過，但我們終究必須懷抱著希望。少用一個塑膠袋，就是真真切切的少用了一個塑膠袋，不敢說積少成多，但有「意識」的消費、生活，就是對地球友善友好的第一步。

自主公民的思考

◆想想看，從生活中做哪些改變，可以減少自己所製造的垃圾？

◆越來越多的科學研究發現我們的日常生活對自然環境有著非常巨大的破壞力，你願意主動去了解相關的訊息跟知識嗎？

10 沒有任何語言可以代表「國際觀」

真正的「國際觀」是對所有文化的兼容並蓄，共存共榮，每一種語言與其所代表的文化，都是全人類共享的珍貴資產，不論是英文還是只有幾百人在使用的少數民族語言，他們皆有同等的價值，都值得我們尊重與認識。

選文

在歐洲，英文不等於「國際共通的語言」

／陳思宏

我在柏林的家隔壁是一家土耳其人開的水果攤，瓜香果豔，我是常客。柏林觀光客多，水果攤老闆說德文與土耳其文，但不說英文，面對各種國籍的旅客秤斤算錢時，手擺腳動取代語言，英文、西班牙文、中文、德文、法文、日文都出現過，水果攤每天都非常「國際化」。外語有時是溝通飛蚊，叮得人滿頭包；但溝通有礙常常也是樂趣，拘謹的文明身體都忽然必須開始演戲，光是微笑哪足夠，快快召喚梅莉史翠普來附身，舞動肢體，只求跨過洶湧的外語河。

一次我來買菜，前面的客人與土耳其老闆正身陷語言迷宮裡，客人說著文法混亂、有濃重口音的英文，老闆則一直以德文回覆，客人的焦急萬分，都快把手中的綠芒果給催熟了。老闆看到我，急忙請我幫忙，有我這個臨時口譯當橋，兩人終於達成買賣。

這位說英文的客人向我道謝，接著問我：「為什麼他們都不會說英文呢？好奇怪。」我回答：「因為你在德國。這裡，人們說德文。」

其實，我面前這位買水果客人，本身英文也紊亂、口音濃重、文法錯亂，但他卻覺得在柏林賣水果的老闆應該要會說英文，這邏輯很奇怪，自己都不太行的事，怎麼會要求人家一定要做到呢？我想，這位先生大概就是覺得「英文是國際共通語言」，而忘了去尊重每個國家對於自己母語的保有與使用。

幾年前，我在柏林採訪臺灣某知名大學的校長，他或許是旅途勞累，態度有些傲慢。問他這幾天在柏林的經驗，他皺眉抱怨：「怎麼德國英文的標示這麼少？這樣誰看得懂啊？」那時我才發現，原來我們一直重視英文教育，到最後卻培養出了只以英文為世界中心的人才，他們把英文當做是唯一合理的外語想像，來到柏林看不懂標示，卻沒想過，這些標示其實主要是給本地人看的。

我不禁想，學外語，不是為了培養大家一天到晚強調的「國際觀」嗎？不是為了跟國際接軌嗎？不是為了讓自己世界更開闊嗎？怎麼這位校長，人身在德國，心中卻只剩下了英文？

大學時打工賺生活費，我當英文家教，也在補習班教兒童美語，因此見過許多心急的家長，擔心自己的小孩英文學不好，會被全球化浪潮給遠遠拋在後頭，長大後一定會被社會淘汰，因此督促小孩努力學英文。有位媽媽讓我印象特別深刻，她的小孩上的幼稚園是標榜雙語的幼稚園，上小學後請美國人來家裡當語言家教，小孩放學後還來補習班學英文。我發現這位小孩的確是會說英文，乍聽似乎是不錯流利的英文，但文法組織破碎。在課堂上，這位小孩的讀寫也完全不行。

幾堂課之後，我發現他的中文也很差，母語句構紊亂，英文也沒學好，語言築起了成長障礙。我跟媽媽聊天，我覺得讓小孩停學英文一陣子，先好好把自己的母語的城堡蓋得穩固，再來學英文根本不遲。我說：「我十三歲上國中才開始學英文啊，其實學外語這件事跟起跑早晚並沒有一定關連。」但媽媽不聽，只想要換掉美國家教。我想介紹一位朋友去應徵，但朋友是美國華人，媽媽看了，竟然跟我說：「我只想要請美國人。」原來在這位媽媽心中，美國人就等於白人，其他皮膚顏色的都不算。心胸狹隘的媽媽，想把小孩推向全球，骨子裡卻只有教育的偏見。

學好英文當然很重要，英文的普遍性不用多說，英文學好，可以讀的書倍增，聽到的聲音也不會只限於母語，世界可能會因此更遼闊。尤其在此時此刻，臺灣的媒體失靈，新聞臺狂播瑣碎雜事，埃及的動盪在電視上出現的頻率根本比不上某位小明星的情事，如果擁有英文能力，就能透過網路接收英文媒體的資訊，自己主動去了解這世界正在如何轉動。

但是，外語，並不等同於英文。這世界上，還有許許多多的語言，影響力不見得比英文小。若有機會學習英文之外的外語，一定會發現不同的語言會有不同的境地與角度。例如：美國出兵伊拉克，以美國為主的媒體就會使用「解放」，但其他國家的媒體使用的字眼卻是「侵略」或「攻擊」，動詞不同，歷史的角度就徹底翻轉。

臺灣是個島國，政治位置孤立，對於「國際觀」我們有一定的焦慮。我們努力申請舉辦國際賽事，全民學英文。島嶼四處都有英文標示，但拼音紊亂，錯誤百出。我們一直努力拚觀光，英文標示堆疊，但就算全島都有精良正確的英文標示，就會吸引大量的國際觀光客前來嗎？

我記得我拜訪過的義大利的海邊小鎮、法國南部的小山城、還有捷克湖邊小村，當地沒有任何英文標示，菜單沒有英文版本，居民說著自己當地的語言，卻還是有源源不絕的訪客前來。因為這些地方有驚人的人文景觀，文化底蘊深厚，他們根本不用急著「國際化」，照自己生活的步調過日子，煮家傳的菜，唱奶奶教的歌。

其實，「國際觀」就是理性的好奇心，不是八卦獵奇，而是以尊重理解的視角，願意花時間去了解世界上正在發生的那些殘酷戰事、出版了哪些文學書、拍了什麼反應社會的電影、選出了什麼政治人物。因為世界很大，語言繁星，傾聽世界之後，或許，我們終於也願意去為世界做點無私的奉獻。

其實不見得一定英文好才會有所謂的「國際觀」，我身邊就有幾位柏林或臺灣朋友，真是沒天份學外文，學英文等於被抓去撞牆。但他們勤讀翻譯書籍，知曉的世界，絕對比認為「英文標示等於國際化」的校長還要寬廣。

所以，勤奮學習但卻依然無法駕馭英文，其實不是悲劇。重點是好奇心沒被磨損攪碎，不懂沒關係，還可以翻字典或讀翻譯。不是英文考一百分，腦子就會長出「國際觀」的區塊。「國際觀」是讓我們學習從他人的角度來看世界，於是我們不自大，因為耳朵裡不是只有自己的獨白。

隔壁的水果攤依然每日上演語言戲碼，他繼續說著德文或者土耳其文，回答各國旅客。問他要不要學英文？他說：「英文不是問題，西瓜甜不甜才是問題！」

說得好。

——選自 The News Lens關鍵評論（2013.09.18）

作者簡介

陳思宏（1976～），出生於彰化縣永靖鄉八德巷，農家的第九個孩子。輔仁大學英文系、國立臺灣大學戲劇所畢業，以《鬼地方》一書獲臺灣文學金典獎年度百萬大獎、金鼎獎，並曾獲林榮三短篇小說首獎、九歌年度小說獎。有時是寫作者，有時是演員，有時是譯者，現居德國柏林。

著有小說《佛羅里達變形記》、《鬼地方》、《指甲長花的世代》、《營火鬼道》、《態度》、《去過敏的三種方法》，散文《叛逆柏林》、《柏林繼續叛逆》、《第九個身體》。

主編思辨

國際觀是認識自身與他者的異同

最近經常在電視看到某英文學習法的廣告，以誇張的動畫搭配中文諧音，宣傳快速記憶英文單字的課程。其中不乏上班族現身說法，說按照這方法背了多少單字，以後升遷絕對很有幫助。我每次看到這個（永遠不會消失、始終推陳出新的）廣告，總覺得有一點閱讀王禎和《玫瑰玫瑰我愛你》的荒謬喜感。首先，記憶單字與真正會說一門外國語言，有很大的落差，畢竟單字是點，文法是線，整體組合才會是完整的面。更不用提，能夠「閱讀」外國語言，與實際「說」外國語言，依舊有很大的落差。而強調單字量的教育模式，突顯我們對於語言學習的功利性思考與對國際觀的蒼白想像。

陳思宏這篇文章所提到的，無論是只想要白人家教的家長，或是臺灣社會隨處可見的英文告示（有些火車站男廁小便斗前方的英文告示真是恐怖），都提醒著臺灣社會所瀰漫的，對國際觀的焦慮；我們一方面展示了對自身民族或文化的輕蔑，另一方面則是無盡放大了渴望被（外國人）凝視的欲求。這樣的觀念，其實很危險。也因為這樣的觀念，我們往往忘記了臺灣本身就是多元又國際的組成，許多人甚至對身旁某些國家的文化與人民是不屑一顧的（是否聽過印尼穆斯林幫傭或移工在臺灣被雇主逼迫吃豬肉的新聞？）。

國際觀或許是一個抽象的詞，但又極其具體，以我的觀點，或許就是你希望遭受如何的對待，就以此對待他人。如果我們渴望外界的凝視與認可，請別忘了好好欣賞生活周邊那秀麗特別的文化風景，並打開自身感官，試圖理解我們與他者的異同。

自主公民的思考

- 你有喜歡的外語嗎？為什麼喜歡這門外語呢？你學會這門外語想用來做什麼？
- 在臺灣也有各式各樣的語言，你目前已經會哪些語言呢？（只要是你有學過或會使用的語言，不必到精通）使用這些語言你有什麼感受？

11 便利貼下的公民運動

在香港反送中運動當下，大量的對立跟衝突中，似乎再也不見任何理性的討論與溝通，遍地開花的連儂牆卻成為全新的平臺，讓人們可以彼此連結、鼓勵，又能夠溫和的討論與表達意見，成為抗爭中最溫暖美麗的角落。

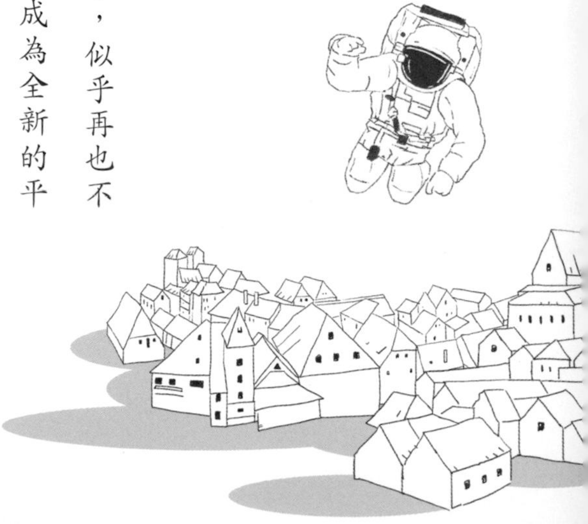

選文

沉默之聲：無處不在的連儂牆

／畢恆達、劉家儀

「連儂牆」源自捷克布拉格修道院大廣場的Lennon Wall。一九八〇年代捷克群眾在牆上塗鴉，書寫約翰・連儂（John Lennon，又譯藍儂）的歌詞，來發洩對於共產政權的不滿。連儂牆此後成為青年抗爭的象徵。香港連儂牆首次出現於二〇一四年「雨傘運動」金鐘占領區近夏慤道（注1）政府總部的一道牆。幾位年輕人使用便利貼（Post-it）向群眾蒐集參與運動的初衷，貼在此牆上。數天後，寫滿心聲的便利貼竟然沿著樓梯往上發展，淹沒了整道高高的水泥牆，更有人掛起「連儂牆香港」的橫幅。從此這道牆有了「元祖連儂牆」或「第一代連儂牆」之稱。

注1 夏慤（讀音同卻）道：香港中西區一條主要幹線。

二〇一九年六月，連儂牆重現於金鐘舊地，貼滿了反對《逃犯條例》修訂草案的市民心聲。經過兩次百萬人遊行、六一二警方武力清場、七一占領立法會後，抗爭者面對警察的驅趕，無法留在政治權力核心區，但是市民於社區自發創建的連儂牆，遍地開花，反而讓更多民眾參與，成為凝聚「反送中運動」力量的管道。今天，許多社區的街道、天橋或隧道的外牆，貼滿便利貼與文宣，不僅是雞蛋對抗高牆的留言板，也與布拉格的Lennon Wall一樣，成為「反送中運動」的重要地景，讓香港與世界各地的自由國度，以及在歷史中爭取民主的力量，跨時空的連結在一起。

連儂牆的變體

公共空間的連儂牆通常位於人潮來往的空間、有可以黏貼的牆面、能遮風擋雨。著名的「大埔連儂牆」靠近港鐵站出口，是一條連接多個住宅屋苑及公共交通轉乘站的隧道，長達一公里多，堪稱香港規模最大的連儂牆。至於荃灣、青衣、旺角等連儂天橋，雖具備類似條件，但受到風吹雨打，便利貼保存不易。除了大型的隧道天橋之外，香港的連儂牆從公共空間延伸至私人領域，如，旺角的夾公仔店、荃灣的雪糕店和臺灣水果茶連鎖店等紛紛撥出牆面提供市民貼上心聲。

雖然連儂牆上的便利貼，本來就是暫存之物，但對連儂牆最具威脅的，仍屬人為因素。除了親政府人士或團體偶發的撕紙行為，有計畫性的由警察、食環署（食物環境衛生署）人員、從中國大陸連群結黨來港的白衣人，也會大規模的清除連儂牆。猶記得七月份，逾百身穿警察機動部隊服裝、帶著盾牌的人員，走入大埔連儂隧道清除貼有警察資料的便利貼和文宣單張，包括在網上流傳的「隻揪SIR」(注2)資訊。網民紛紛將動畫《獅子王》海報改成「撕紙王」、《Lion King》變成「拉人King」，並把電影《Finding

注2 隻揪：指「單挑、決鬥」，隻揪SIR是指一位在抗議現場，揚言要單挑抗議者的警察。

Nemo》海報改成「Finding Memo」，用改圖諷刺警察的毀壞行為。其後，更引發連鎖店「吉野家」的「獅子狗」廣告風波，至今該店仍被視為反運動的「藍絲」(注3)，遭到罷吃和「裝修」(注4)，連儂牆產生的社會效應可見一斑。十一月初，大批蒙面及戴太陽眼鏡人士手持刮刀、美工刀，澈底破壞整個大埔連儂隧道。數天後，警方、食環署、路政署聯同外派公司逾百人再次清走牆上便利貼和海報，並用油漆為地面噴漆，但連儂牆隔天便火速重生。

然而，由於連儂牆的成本很低，只要集眾人之力，破壞之後也能很快復原，因此「反送中運動」支持者呼籲要「棄牆保人」、「Be Water！不送頭、不受傷、不被捕！」，確保生命安全為優先，並提出「撕一貼百」的策略對抗黑勢力的破壞，長遠守護重奪回來的公共空間。

香港連儂牆最讓人嘖嘖稱奇的是，它用一張或多張易貼易撕、能寫能畫的便利貼，貼滿牆面而打出名堂。便利貼有著「像素」（pixel）的概念。正

注3 藍絲：「藍絲帶」的簡稱，指抗爭期間，反對抗議遊行，支持政府跟警方的人士，他們在社交網站多以藍絲帶作頭像。

注4 裝修：抗議期間，某些抗議者會針對某些支持政府的商家進行某種程度的破壞(例如：塗鴉)，抗議者自稱這類的行為是「裝修」。

如電腦上的圖像與文字都是由像素這個基本單位所構成，便利貼因此「既是紙，又是筆」。單獨一張便利貼，可以在上面畫圖寫字，傳達想法，當大量的便利貼組合起來，又可以拼貼成一個新的文字或圖像。例如：天水圍的連儂天橋，就有用便利貼排成「光復HK，時代革命」的字樣。世界著名的街頭藝術家Space Invader就是使用「像素」（或是馬賽克）的概念，以磁磚（紙皮石）為素材從事街頭塗鴉創作。臺灣的塗鴉客ANO以像素臉作為他塗鴉的Logo。香港電影《單身男女》中，主角則是在玻璃帷幕牆的辦公大樓上以便利貼組合成I Love You等字眼，來傳達愛意。就像用人體排字，單張便利貼既是個體，眾志成城又可以組合成另一個新的個體，有了新的意義。

與此同時，連儂牆的空間也產生質與量的變化，衍生出不同名字的留言板，有使用簡體字的「愛港牆」（以爭取新移民和陸客的認同）；以特大字體且有蓮花觀音等為底圖的「長輩牆」；借支持警察為名督促成立獨立調查委員會的「陳百牆」（支持警察的香港藝人陳百祥名字的諧音），以及回應「吉野家」廣告的「抽水牆」等。但除了長輩牆外，其他都是個別地區曇花一現的創意罷了。不過，在某些議題之下，社區也出現獨特的連儂牆，如，雨傘五周年的「連儂之路」、短暫的「接機連儂牆」、太子的「祭壇連儂牆」等等。

連儂牆以後是出現在公共的牆面上，但是隨著運動的進行，一方面防止遭到破壞，一方面市民不斷發揮各種創意，因此出現讓人張貼於「朝桁晚拆」臨時攤檔、個人身體或私人車輛上，成為「流動連儂牆」；以塗鴉方式在牆上噴出便利貼圖案，寫上心聲，創建出「撕不走的連儂牆」；以一臺舊式撥輪電話，錄下市民的留言，打造出「留得住的聲音連儂牆」；以網絡平臺和主題標籤（Hashtag＃），蒐集便利貼影像，製作出「電子連儂牆」。這些都是對蓄意毀壞的行為，作出溫柔的還擊。

守牆者的「撕一貼百、千、萬」呼籲，更促成連儂牆形成立體的資訊空間，從一面牆壁到天花的垂吊裝飾，再到黏貼海量文宣的地板，為經過的路人打造出「3D感覺」。而牆身布置及展品內容也產生無數次蛻變。由抒發情感的彩色便利貼到政治與運動資訊的電腦打印平面文宣（海報、貼紙），再進化到3D作品，既有愛心、燈籠、紙鶴、黑衣和雨傘等裝置，也有香港民主女神像及抗爭現場立體版。創作者使用便利貼貼出大字體、抗議的人像、icon及反送中代表物「佩佩娃」（Pepe），再發展出以拼圖式貼出的大海報，甚至進化到輸出巨型海報，或用馬賽克磁磚貼出圖案。

既有靈魂又漂亮的文宣

當人們經過連儂牆，總會停下腳步來欣賞創作者用開心、諷刺、寫實等手法，展示出既有靈魂又漂亮的文宣，令這個城市在漫長的抗爭中，增添了幽默、美感和藝術色彩，同時也為抗爭者打打氣。從連儂牆內容來看，它有基本主軸的「五大訴求，缺一不可」、「光復香港，時代革命」、「撤回惡法」等；帶有支持與鼓勵情感釋放的「香港加油」、「齊上齊落」、「核爆都不割席」等；充滿咒罵、指責與宣洩情緒的「黑警死全家」、「天滅何妖」（何是指香港立法會議員何君堯）等；回應政府的「沒有暴徒，只有暴政」、「政府想解決的是『人』而不是『問題』」等；批評時事發展的「暫緩≠撤回」、「壽終正寢」、「追究警察性暴力」、「警察假扮示威者煽動暴動」、「無線新聞，出賣港人」等；提供策略意見的「兄弟爬山」、「記得去投票，踢走保皇黨」、「政府無能，持續遊行」等；傳播運動資訊的「每晚十點22:00 SEE YOU！記得開窗」等，反映了群眾集體的心態。

此外，還有創意無限的新合體字，將「警黑」、「警察與甲由」、「官鄉警黑」等字組合拼寫，諷刺警察的不當行為；「和、勇」結合，以示「和勇一家」（即「和理非」和「勇武」的抗爭者團結一起）；甚至有人把五個訴求（即撤回惡法、撤消控罪、撤暴定義、獨立調查、真雙普選）的意涵合體成五個大字。同時，亦引用古字「鳾」作為「私了」的諧音合體字，並創造出鳥身獅頭的神獸。

巴基斯坦裔社區也有自己的「牆」

除了創意作品外，連儂牆亦有社區化的現象，如，有巴基斯坦裔居民社區的「石籬連儂牆」，出現「Hong Kong is our home」、「No China Extradition」「Carrie Lam Step Down」等英語及烏爾都語的便利貼。規模最大的「大埔連儂隧道」則設有「大埔十八分區民意牆」，讓居民大談對社區事務想法跟意見。讓連儂牆的角色，從社區居民站出來支持香港「反送中運動」，反過來也藉著社區運動，集結居民關懷的社區事務與發展。當遇有特定節慶時，守牆者會更換展品內容，如，雙十節的旺角連儂天橋和萬聖節的葵芳連儂隧道區。

連儂牆亦成功擔任國際親善大使，突破地域，衝出國際，在全球多個城市出現，從亞洲的日本、韓國、印度及臺灣，歐美的加拿大、英、美、德、法、荷、挪威、芬蘭、捷克及義大利等，促使各國人民關注、參與及支持。以臺灣為例，從臺北西門町、公館臺大地下道，再到臺中、花蓮等地遍地開花的景象，看到海外人士以連儂牆來象徵著對香港守護自由的聲援。

連儂牆建構新關係

連儂牆一開始就以便利貼做為書寫媒介，對牆體不會造成永久性破壞，屬「非法而不違法」。一般社會大眾認為塗鴉是破壞公物，但連儂牆即使沒有經過合法程序便將便利貼張貼在公共牆面上，警方也無法為之安上「破壞公物」的罪名。不過，政府認為此舉會對政權造成損害，還是有可能動用《公眾衞生及市政條例》第一百零四條來入罪，以及對於張貼警員資料的行為以違反《私隱條例》第六十四條來懲罰之。但是，破壞連儂牆者亦有可能觸犯《刑事罪行條例》第六十條，美國「看板解放陣線」（Billboard Liberation Front）就是使用可隨時撕下的膠帶來惡搞商業看板，因為可以恢復原狀，所以不怕企業提起控告。連儂牆因此既和平又激進，占用公共空間，卻又沒有損害公共牆面。這種威力絕對是和平表達意見方式的極致。

顧名思義，連儂牆只要有牆，便有連結。它在公共場域遍地開花，連接起藝術文化與市民文化的同時，亦在商店、醫院和大學等地方建立，打破公私領域的界線，串連起不同階層、年齡、性別、職業、族裔等社區居民，以及位於不同民主光譜上的人士，當中包括「勇武派」與「和理非派」，前線和後援，以及沉默的大多數，讓彼此得以互通訊息及心情，造就協調又團結的平臺。而且，這個色彩斑斕的地標，更將虛擬網絡世界的資訊實體化，從年輕人的網絡世界帶入社區的實體面，令兩者也貫串起來。

連儂牆的出現亦重塑社區鄰里關係，成為「反送中運動」的情感抒發、鼓勵支持及互相交流的窗口。人們透過便利貼抒發個人的心情，觀看別人的意見，減少因運動挫折與壓抑而造成的精神不健康。連儂牆彷彿一棵大榕樹，有人在這裡講故事，也有抗爭者累了來歇息，找到安慰與力量再上街，更讓「和理非」與「勇武」透過留言，互訴心聲，體現相互援助的共同體精神。牆上最令人感到窩心的是，「一個都不能少」（銀髮族支持青年、專業者支持市民、老師支持學生）的文宣，完全呈現跨職業、跨年齡、跨物體的相挺，充分讓人感受到香港社會前所未有的團結。

過去，香港的公共空間長期被政府淨化或是成為商業所主宰的消費場域，市民甚少有使用權。然而，從金鐘雨傘運動開始，港人直接參與公共事務的力量得以集結，並在社區播下種子。山竹颱風襲港後，逐漸形成地區的自救力量。當連儂牆在各地區自發湧現時，市民自主的建牆與護牆動力突破固有的空間使用，改變了社會運動的抗爭場域及手法，重奪市民在公共空間的話語權，使社區居民成為抗爭運動的重要組成，並將運動從金鐘占領區的直接與政權對抗，到遍地開花由社區包圍權力核心，把自由的訴求普及化，凝聚更大力量。

《逃犯條例》的修訂拆毀了河水不犯井水的防波堤，觸動港人的核心價值，引發了一場歷時數月且仍在進行的「反送中運動」。連儂牆在這場運動中，雖不是吶喊震天的抗爭場域，但它是一個重要載體，標誌著該運動由示威、集會、遊行融入至民間社區的歷程。

作為一個抗爭的平臺，連儂牆讓每一個市民都能夠以平等的身分就不同的題材發言，透過撕貼容易的便利貼打造低門檻的參與方式，以及創意無限的文宣，建構了可大可小、風格多元的藝術文化，陶治民心、團結力量，形成香港人對身分的認同及命運共同體的體現。以自己的角色及能力，攜手抵抗威權，捍衛這條正被逐步侵蝕的言論自由底線，既能在公共空間和平的表達意見，亦可讓世界看到香港美麗的一面。面對強權的多方打壓，連儂牆的「撕一貼百」策略也是「Be Water」的體現，以蛻變來增強生命力，成為運動不可或缺的一環。

——選自《2019香港風暴：《端傳媒》香港反修例運動報導精選》，春山出版

作者簡介

畢恆達（1959～），國立臺灣大學土木工程學系碩士、美國紐約市立大學環境心理學博士。致力於研究邊緣族群的空間經驗。目前在國立臺灣大學建築與城鄉研究所任教。

著有《教授為什麼沒告訴我》、《塗鴉鬼飛踢》、《空間就是權力》、《空間就是性別》、《空間就是想像力》。

劉家儀（1973～），土生土長的香港人，國立臺灣大學建築與城鄉研究所碩士生，曾在北京和香港修讀國際關係和中國法律研究所，是關注社會和社區發展的行動者，長期參與推動民主自由、性別平等、社區規劃等議題。

主編思辨

黑暗的日子裡，依舊要練習 Be Water

香港朋友絕望，認為港版國安法通過之後，香港最後一絲的自由，甚至是習慣的香港生活本身，都已名存實亡。我雖然是香港狂熱粉，但終究不是香港人，無法提出什麼像樣的慰藉，但我內心對於香港人充滿感激，因為他們用生命教導了我許多重要的事情。

香港反送中運動時，在滿街催淚彈侵犯眾人生活的時刻，旺角、元朗、中環等所有香港人習以為常的生活角落，安安靜靜的生出了色彩繽紛的連儂牆，牆上無數次貼滿對於和平的期許，當然也訴說著一則又一則的抗爭故事。而在街頭上，那一次次的雨傘遊行、抗爭運動、撐黃店消費抗爭，或是不割席、無大臺的Be Water

策略，都讓我深刻體會到，一個社會運動的組成，並非只是街頭衝撞的搏鬥才是重頭戲，更重要的是，要讓那些手無寸鐵的老弱婦孺，也都能夠自由發聲。

讓每一個人的聲音，無論音量是大或微弱，都有被聽見的機會。這才是社會運動的真諦。

相較於結果，我更在意的是社會運動的「當下」，因為無論結局如何，過程當下所感受到的一切，無論是身體的感知（推擠、遭受攻擊等）或是複雜輿論之中如何維持冷靜，都會在當事人身上留下一種直覺，只要這份直覺不失，日後都會讓人變得機敏，再也不會輕易吞下美好糖衣包裹著的謊言。

雖然香港國安法已經通過，但身體銘刻著運動直覺的人們，終究會找到一條路，或許是一條孤獨的道路，也可能滿布荊棘與陷阱，但沿途不會沒有朋友。我相信許多臺灣人，也因著香港的朋友，而願意更加努力的守護著自己的土地，等待未來擁抱彼此，把手言歡。

自主公民的思考

- 如果有朝一日，我們失去民主自由，你覺得自己的生活會有什麼改變？
- 當媒體跟網路都失靈的時候，你覺得還可以用什麼方式表達自己的心聲？
- 對於香港朋友，你有什麼話想對他們説？

12 誠實的力量，希望「黑歷史」終能被陽光照亮

德國跟臺灣都經歷過專制時代，期間許多人遭受隱私甚至人權的侵犯。現今，我們的政府逐步解密過往的情治檔案，民間團體也在努力尋找真相，面對歷史的傷口，只能誠實以對，在這條不容易的路上，德國社會的態度與方式，是值得臺灣學習的榜樣。

選文

打開傷口是為了復元：專訪德國史塔西檔案局局長

／林育立

兼顧知情權和隱私權

「史塔西（Stasi）」（注1）透過綿密的線民布線，掌握全國人民的一舉一動。儘管柏林圍牆倒下後，特務匆忙銷毀許多文件，威權統治四十年累積的情治檔案規模還是很可觀：光索引卡片就有四千一百萬張，文件排起來有一百一十一公里長，加上數以百萬計的影像和聲音檔案，全部存放在東柏林的總部和遍布東德的十二處分部，堪稱是獨裁統治的全紀錄。

鑑於過去沒有國家成立過類似的常設機構，開放全民查閱情治單位為自己留的檔案，《史塔西檔案法》對檔案調閱的規定非常嚴謹。「史塔西刺

注1 史塔西（Stasi）：東德國家安全部簡稱，是由東德執政黨——德國統一社會黨所建立的祕密警察及情治機構，負責監控民眾與社會的一舉一動，擁有大量的線民跟監聽人員，是當時世界上最有效率的情報和祕密警察機構之一。「史塔西」在1990年1月13日遭到解散，東德（1949年至1990年）也於1990年10月3日併入西德，兩德統一，東德正式走入歷史。

探情報，踐踏人權，我們不能蕭規曹隨，」史塔西檔案局局長楊恩（Roland Jahn）說：「我們的做法是兼顧知情權和隱私權。」

在知情權部分，任何人都可以向檔案局提出申請，但只能調閱跟自己有關的檔案。申請者在遞件後會收到流水號，最慢半年內就會接到通知，知道檔案局有沒有留自己的檔案。如果有的話，工作人員就會分頭去找，最快幾個月、最遲等兩年，文件就能全部整理出來。當事人必須親自到檔案局或旗下的十二個分支機構抄寫，現場可以影印，但不能把正本帶走，除此之外無須負擔任何費用。「曾被史塔西刺探過的人都是受害者，我們這個機關最主要的任務，就是為他們服務。」楊恩表示。

關於隱私權的保障，檔案局也有特殊規定。由於情治檔案上通常不只有當事人，親人、朋友和同事的名字也會同時出現，因此任何檔案只要出現第三人的名字就會被塗黑。不過，曾受雇於史塔西的特工，或告密的線民，檔案局對他們的姓名和化名都不做任何處理；也就是說，受害者在查閱自己的檔案時，這些加害者的名字自然就會曝光。如果想知道化名某某某的告密者是誰，受害者還可另外申請「化名解密」。

楊恩指出，威權體制的運作相當程度仰賴「辦公桌上的加害者」，在史塔西工作的每個人都有責任。「被刺探的人，有權知道是誰刺探他，」他說：「傷害就是傷害，我自己就從不忌諱把加害者的名字說出來，名字曝光，加害者才會面對自己的責任，真相也才有可能釐清。」

史塔西檔案還有另一項重要功能，就是做為政治受難者司法除罪和賠償的依據。東德時代坐過牢的政治犯約有二十萬人，目前除罪工作已大致完成，坐牢超過一定天數的人，依法還可以得到比較多的退休年金，無論是民眾除罪或賠償的需要，調閱申請都會優先處理。

清查公務員建立政府公信力

在威權體制的深層結構，公務員與情治單位難免有一定的連動，有時還身兼祕密警察的打手，因此史塔西檔案局當初成立的另一目的，就是在國家從威權轉型成民主的第一時間，全面追查前東德公務員和史塔西的關係。

《史塔西檔案法》規定，各機關主管得向檔案局提出詢問，釐清旗下員工在東德時代與史塔西的關係，對象包括司法人員、軍官、公務員、議員、公法人董事和選務人員等。如果檔案局發現某人確實是線民，例如：曾私底下向史塔西報告同事的舉止和行蹤，或擔任監視同學的職業學生，就會出具報告和檔案影本，說明他與史塔西合作的時間長短、方式，以及當年被吸收為線民的背景，供各單位主管參考。

曾經為史塔西工作，並不會因此而自動喪失擔任公職或參政的權利，但過去二十多年來，仍有上萬人因當過史塔西的線民而被革職或調職，判斷的標準到底在哪裡？

「我們只負責出具報告和檔案，至於是否繼續任用，由主管自行裁量，我們不做任何建議。」主管根據當事人說法和檔案局報告，研判當年告密的人究竟是出自政治信仰而忠黨愛國、想升官、貪求名利、怕丟掉工作而迎合上意，還是因為有把柄落在特務手中，逼不得已才出賣同事和朋友？如果當事人一開始就坦誠以告，主管也可能認定情節輕微而留任這些員工。

「即使是線民也有自願與被迫和程度輕重的差別，主管要看過檔案才能判斷。」不過，一般來說，隱瞞過去與史塔西關係的公務人員，一旦被發現就不適合再擔任公職，對此楊恩的解釋是：「公務機關為民眾服務，前提是要得到民眾的信任，若由民眾不信任的人擔任政府官員，政府的公信力將無從建立。」

研究最透澈的情治機關

情治機關是威權體制下權力最大、也最敏感的部門，內部往來的公文和內部報告，鉅細靡遺的記錄當權者決策的經過，對有意還原真相的學者和記者來說是一大寶庫。一九九〇年代史塔西檔案剛解禁的時候，整個德國歷史學界最熱門的研究主題就是史塔西；如今相關書籍汗牛充棟，東歐前共產國家的情治機關當中，研究最透澈的還是史塔西。

楊恩解釋，研究者和媒體記者主要是透過史塔西檔案來瞭解當局的決策模式，例如：是誰下令監聽？選舉如何作票？線人的報告如何彙整和呈報？進而掌握整個獨裁體制的運作方式。不過，基於保護第三者隱私的前提，《史塔西檔案法》對學者和記者調閱檔案有嚴格的限制，除了少數例外情況，當事人沒有同意誰也不能翻他的檔案，與研究主題不相干的檔案也不能調閱。

有記者問，傳聞說，出身東德的現任德國總理梅克爾（Angela Merkel），在還沒從政前曾是史塔西的線民，梅克爾本人也曾透漏史塔西曾試圖吸收她但沒有成功，對此媒體該如何求證？楊恩回應，梅克爾的確來過檔案局調閱有關自己的檔案，「但除非她本人同意公開，不然任何人都無權過問，這是她的私事。」不過，楊恩補充說：「檔案都開放這麼多年了，這麼知名的公眾人物如果曾是線民的話，大家應該早就知道了。」

監聽譯文全都露

「將東德國安部的組織、刺探的手法和運作方式告訴大眾，協助社會釐清共黨獨裁的歷史」，原本就是檔案局的法定任務之一，因此成立之初就設有研究單位，專門負責解讀檔案，至今已出版上百本專書，而且所有的出版品幾乎都可免費索取，或在網站上直接下載。

以二〇一四年柏林圍牆倒塌二十五週年為例，檔案局從年初開始就出版專書，從史塔西的角度還原和平革命的經過。《全國一片沸騰……》（Überall kocht und brodelt es…）一書記錄的是環繞著萊比錫聖尼古拉教堂和德勒斯登市中心的示威活動，內容多半是印上「高度機密」的公文和文件，包括：鎮壓遊行的任務分組、偷看民眾郵件後彙整的報告、示威現場的蒐證照片，以及寫在便條紙上的線人報告，可見東德「維穩」工作之細膩。書中除了特務的姓名和線人的化名，只要有第三人的名字出現就會塗黑。

其他像是史塔西慣用語字典、情治檔案常見縮寫的索引和解釋，和以各部門的組織和運作為主題的二十八冊《國安部解剖學》（Anatomie der Staatssicherheit），特別適合做為研究者的參考資料。例如：《M部門手冊》（Abteilung M），探討的是東德的郵政檢查，這是史塔西內層級最高的單位，當時全國十五個郵件處理中心都有史塔西的辦公室，雇用兩千多人來拆信和讀信，書中對於如何用蒸氣來融化信封膠、看完信後影印、再小心放回去的過程描寫得很詳細。

另一本同樣在二〇一四年問世的新書《長話短說！》（Fasse Dich kurz!）更是威權研究的突破。檔案局研究部門的主管柯瓦爾楚克（Ilko-Sascha Kowalczuk）在獲當事人同意後，首度發表史塔西監聽民運人士的電話譯文，並與其他檔案交互對照，分析譯文在威權體制下如何被當成檢調辦案的依據：「在美國國家安全局爆發監聽醜聞的此刻，東德這段歷史有助於暸解情治單位如何監聽和濫用監聽。」

民主國家一樣有情治單位，任務也一樣是竭盡一切手段獲得情報，但楊恩認為兩者存在的目的南轅北轍：獨裁國家的祕密警察是用侵害人權的手段來維繫黨國統治，反之，民主國家的情治單位是人權的守護者。

因此他認為，如何建立一套監督的機制，讓情治人員知道什麼能做、什麼不能做，確保情報不被當權者濫用，對民主國家來說是很大的挑戰：「多瞭解過往的威權體制如何監聽，能幫助我們思考情治單位在今日的角色，這正是我們出版這本監聽譯文的用意。」

真相能促成和解

不過，在臺灣和東歐國家另一種常見的情況是，雖然體制已經從威權轉型為民主，每到選前還是有人指控政敵是過去的「抓耙仔」，被指控的人也急忙撇清，社會上充滿對立和不信任感，楊恩認為，這可能與這些國家沒有真誠面對威權遺緒有關。

德國史塔西檔案局經常與東歐、非洲、亞洲和南美洲的新興民主國家分享檔案開放的經驗，楊恩特別舉波蘭為例指出，在共黨的情治檔案還沒解禁前，社會上到處是流言和陰謀論，許多指控從來沒清楚交代過，直到幾年前檔案解禁，扎實的學術研究出版後，大眾才慢慢把謠言和真相分清楚。他認為，情治檔案如果繼續由少數人把持，或像一些國家一樣分散四處，就容易被拿來做為打壓異己的工具，「只有開放檔案，讓真相大白，社會才不會被過去的仇恨所困，」他說：「弄清楚過去，往往就能解決現在的衝突。」

為加害者和受害者搭橋，協助加害者走出來面對社會，一直是楊恩的期望，因此檔案局在幾年前資助拍攝了紀錄片《接觸敵人》（Feindberührung）。一名東德的大學生因為在課堂上提出太多尖銳的問題被學校退學，他將內心的想法轉向同年紀的好友傾吐，沒想到好友竟向史塔西告密，害他坐了五年多的牢。

在片中，三十年不見的兩人在導演的安排下第一次見面，白髮蒼蒼坐在一張長桌上，戴上老花眼鏡一起翻閱史塔西檔案。雖然雙方的觀點和立場互異，在討論和回憶的過程中仍努力去理解對方，之後還一起到史塔西的監獄參觀。

導演說，這是一個有關「友誼與背叛、希望與失望、責任與原諒」的故事。

也有少數昔日的特務打破沉默，在檔案局主辦的講座上擔任與談人，前史塔西軍官羅思（Bernd Roth）就是一個例子。二〇一一年，羅思寫了一本書名為《一名史塔西加害者的報告》（Berichte eines Stast-Täters），詳細描述自己從中學時代就被吸收為「非正式員工」，到後來成為史塔西幹員，參與逮捕反政府人士的經過。他與楊恩不時同臺分享自己的過去，還經營臉書粉絲頁，分享轉型正義相關的新聞：「我不是要你們接受我，只是希望每個人都把自己的故事說出來，促進彼此的瞭解。」

楊恩認為，是否和解、以及什麼時候和解，受害者才有資格決定，但加害者能用行動來促進和解：「我自己在講座活動就經歷過，臺下那些當過政治犯的人，聽到臺上的前史塔西軍官公開承認自己踐踏人權，請求在場的人寬恕時，大多不吝給他掌聲，那真是感人的一刻。」

獨裁真的過去了

「檔案沒解禁，這種事就不可能發生，」楊恩強調：「我們檔案局的責任不是為受害者尋仇，也不是清算加害者，而是在真相和責任釐清後，開啟對話與和解的可能。」楊恩本人就和當年把他驅逐出境的史塔西軍官見過面，「他當面向我解釋事情的來龍去脈，對自己的所作作為表示懺悔，我們兩人後來都有如釋重負的感覺。」他從這次經驗中學到，只要雙方都夠坦誠，還是有和解的可能。

不過，真相有時也讓人心痛。楊恩調閱檔案時才發現大學老師的舉報是他被退學的關鍵，「更令我感到失望和震驚的，是坐牢時給予我很大慰藉的律師，原來是史塔西派來的線人。」儘管真相如此不堪，楊恩還是認為，任何人都不該輕易放棄調閱自己檔案的權利。在檔案剛開放的前兩、三年，申請調閱檔案的就有一百多萬人，可見釐清自己的過去是人性的基本需求，

「史塔西曾經奪走我對人生的決定權，翻開自己的檔案，可以幫我把被偷走的人生找回來，從此我再也不用活在欺騙當中。」

「我沒有認識任何人在看過自己的檔案後後悔的，德國也不曾發生因為檔案公布而挾怨報復的例子，」楊恩的心得是：「有人說不要撕裂傷口，可是有的時候，傷口就是要打開才能復原。」

史塔西檔案局的檔案庫規模驚人，雖然要事先登記才能一探究竟，每天來參觀的國內外團體還是絡繹不絕。中庭的「革命與圍牆倒塌」常設展有六百多張老照片，是柏林針對東德變天過程最詳細的展覽。緊鄰檔案局的史塔西博物館（Stasimuseum），直到今天仍由當年占領史塔西的民運人士經營，展品包括特務用來監聽和開信的器材，其中情報頭子梅爾克的辦公室陳設，從一九六一年到現在就沒有動過，成了柏林熱門的觀光景點，每年造訪的人數高達十萬。

隨著原史塔西軍官餐廳改建的遊客資訊中心和圖書館，可望在二〇一九年柏林圍牆倒塌三十週年前夕完成，楊恩將這個嚴酷的威權歷史現場建設成「討論獨裁、民主、人權」的「民主校園」（Campus der Demokratie）願景，正一步步實現。「身為記者，我一輩子都在學新的東西，本來就不太容易大驚小怪，可是出任局長這些年，我還是不時感到詫異，」楊恩感慨：「情治檔案是背叛、告密和投機最直接的證據，當你知道人性有這麼多陰暗面，可以扭曲到這種地步，連最親的人都可以出賣時，還是不免感到沮喪。」

不過，「我每天來上班，還是多少有鬆一口氣的感覺，因為獨裁真的過去了，」楊恩肯定的說：「獨裁是可以克服的，現在終於可以大聲說我們知道真相了。」

——選自《歐洲的心臟：德國如何改變自己》，衛城出版

作者簡介

林育立（1973～），現任中央社駐柏林記者。

著有《歐洲的心臟——德國如何改變自己》。

主編思辨

面對過去，誠實以對是最好的策略

在臺灣，促進轉型正義委員會（簡稱促轉會），持續協助當年的政治受害者平反名聲，並且進行當年監控資料的解密。而范雲也在閱讀完多達千頁的監控紀錄之後，於臉書發文討論自己在臺大就讀時，遭受情治單位監控、監聽的心情（請參閱：〈范雲：遭國民黨政府監控逾八年 台大與情治系統合作〉，中央社記者王揚宇）。

我曾在火車上，聽到兩位中年男子以挖苦的口吻談到促轉會的功能，我依稀記得他們說法如下：「事情都過去了，為什麼還要追究，不過就是浪費國家的錢罷了。」當事情與自己無關，要怎麼讓它過去，都是輕而易舉，不看、不聽、不說就沒事。

如果那事與自身有關，又牽涉罪與罰，那就是一輩子的事了。試著想像，一個被羅織罪名而入獄的人，不僅被剝奪了自由時光與生命，更有可能造成自己與家人的「社會性死亡」（因為背負罵名，而在社會永遠抬不起頭，更可能無法找到工作等可怕的對待），對他們來說，追討被汙衊的名譽，絕對只是最低的要求。

鄭南榕說過：「二二八事件的遺害，沉澱到這個島上每一個人的內心深處。」其實不只是二二八，自二二八之後一路以來漫長的白色恐怖，所有不清不楚的罪名與傷害，其實都在人民心中刻下了陰影。不只是受害者本身咬牙舔舐冤屈，加害者或許也背負著深沉的罪疚，如果當年的監控資料與重要文件無法公開，當事人追討正義無望，對於社會而言，也隱藏著日後情感將繼續撕裂的憂慮。

無論如何，無論是個體或是團體，面對過往最好的策略，就是誠實以對。誠如文章中楊恩所說：「有人說不要撕裂傷口，可是有的時候，傷口就是要打開才能復原。」

自主公民的思考

◆如果你是當年受害者的後輩，你會想去弄清楚當年先輩遭受侵犯或不白之冤的真相嗎？

◆假設你生活在極權國家，當遇到了什麼樣的壓力或環境條件，會讓你有可能出賣身邊的同伴、朋友甚至至親人呢？

尾聲

為什麼無知的人往往愛說教？說教者的三個特色

／朱家安

討人厭的說教我們都遇過，師長、上司，或者不認識但年紀比你大的人，用他比你懂的態度告訴你，他覺得你應該要知道的事，當中不時穿插對自己的吹捧。說教者通常不致力於讓你真的理解他的說法，也不會接受你講道理的質疑或反駁，似乎說教最終是為了自己而不是對方。

我曾經在臉書蒐集大家遭到「男性說教」（mansplain）的經驗。這本來是為了研究一般人對「男性說教」的概念直覺，但歸納出的結論，其實每一點都適用於不分性別的一般性說教。在我看來，說教令人討厭之處，可以整理成三點：

一、說教者低估聽者的學識

對於當下話題，說教者得要認為自己比對方懂，不然說教就不會出現。然而，這判斷常常不是出於事實，而是出於低估了對方的學識。例如：認為原住民和移工教育程度低、認為女性不擅使用數位產品、認為晚輩比自己更不了解社會。

在二〇〇七年的著作《知識的不正義》裡，哲學家弗里克（Miranda Fricker）用「證言的不正義」（testimonial injustice）來談這類歧視現象：當我基於身分偏見（identity prejudice）不公平的低估你說話的可信度（credibility），代表我將你陷於證言不正義。

要對你說教，我得相信自己在當下議題懂得比你多。若我之所以認為你不懂，是出於某些不公平的身分偏見（你是年輕人你不懂、你是女的你懂什麼……），那我對你的說教，不但有歧視之嫌，也是建立在證言不正義上。

二、說教內容沒建設性

並非一定，但說教另一常見特徵，是內容對聽者沒幫助。想像一下，我長篇大論勸你，就產業趨勢來說，要讀哪個校系畢業後才會有工作，然而：

1. 高估自己：我其實不懂產業趨勢，只是以為自己懂。
2. 低估對方：我要講的東西大多要嘛你已經知道，要嘛你已經知道那是錯的，不過我以為你不知道。
3. 預設價值：我其實不知道你想要什麼，只是直覺認為，我覺得好的東西你也會想要。
4. 單向灌輸：我覺得你應該接受我的結論，但對於校系選擇背後的邏輯，我其實沒提供夠完整的論證來說服你。不過我並不在意，或甚至根本沒意識到這問題。我可能不時穿插「你懂我意思嗎？」但不管你懂不懂，都不會影響我接下來要講的東西。

在說教場景裡，上述幾個特色很常見，而你不難理解，這些特色出現得越多，被說教的人就越難得到幫助。這就是沒建設性的意思。

三、被說教的人陷於聆聽困境

如果我低估你的學識，堅持對你諄諄教誨一些我以為對你有幫助但其實沒有的內容，那你應該十分痛苦，更糟的是你通常不能不甩我，因為我可能是你的老師、老闆、長輩，而你是個遵守社會禮儀的文明人。

基於社會權力差異，被說教者常處於「聆聽困境」難以脫離，這讓說教得以順利進行，也讓「說教者低估學識」和「說教內容沒建設性」的糟糕後果更加擾民。此外，這可以說明為什麼你比較不容易被平輩說教：如果沒有社會權力的差距讓你覺得自己得繼續聽，你會比較容易打斷或離席，說教就不容易維持。

上述性質，不見得每場說教都會湊齊，但我們應該會同意它們都是負面特性，在一段談話中出現愈多，造成的痛苦就愈多。

另一值得注意的是，這些性質都彰顯了說話者的缺陷和無知：

當我低估別人的學識，可能代表我受到不公平的刻板印象影響，或看不起對方。

當我說話沒建設性，可能代表我的認知能力、表達技巧，或者溝通態度有問題。

當我的談話對象陷於聆聽困境，而我不知道或不在意，代表我對自己擁有的社會權力不敏感，或不吝於濫用。

恰當的知識能阻止人說教。若我知道我要講的你都知道了，我就不會對你說教。反過來說，說教者往往不是特別有知識，而是特別無知，連自己要講的內容對聽者有沒有幫助，他都不知道。

幸運的是，上述三點分析不只可以協助我們看懂說教情境，也說明了我們該怎樣避免自己成為說教者。當你認為有什麼重要的事情，為了對方好必須要講給對方知道，可以問問自己：

1. 我有多確定對方不知道或需要知道這件事情？
2. 我有努力表達清楚完整並對質疑抱持開放心態嗎？
3. 有沒可能對方對我的意見根本沒興趣，但礙於社會權力難以讓我知道？

希望大家都能成為講話可愛的人。

——選自 READMOO閱讀最前線（2020.01.13）

作者簡介

朱家安（1987～），哲學雞蛋糕腦闆、沃草烙哲學主編，相信哲學有趣也有用，多年來致力於展現哲學能讓人理解的一面。

著有《哲學哲學雞蛋糕》、《画哲學》，和小說家朱宥勳合著《作文超進化》。

主編思辨

不要變成拿到麥克風就停不下來的人

我在出版業的活動中，最害怕的就是遇到一些愛說教的人，男性居多，把你當成小孩子教，他們每每拿起麥克風，沒有一口氣說滿半小時，彷彿深怕造成聽眾的損失一般。只要遇到這樣的人，我當下會先陷入恍神的狀態，畢竟那綿密的語言聽起來真的很容易入睡，之後便想方設法尿遁離席。

然而，我卻也在與家人相處時，發現自己偶爾會變成這樣愛說教的人，無論是對晚輩說明要多讀書才會有好的職業，或是選舉期間對爸爸媽媽的循循善誘，都讓我覺得，自己有時候真的很煩。後來，我開始反省，在與某些人相處的過程中，我的確傾向扮演提供

解答者的角色。這樣的角色扮演，的確如朱家安所說，建立在低估他人程度的層面上。

這對我而言，確實是一個重要的打擊（我竟然變成我最討厭的人的樣子！），也因此，我開始思考，與不同的人聊天時，要如何讓對方也能發表意見，而不被我打斷。若是遇到我不喜歡的話題，或是不同立場的人，我又要如何維持平靜，試圖理解對方的思考。也因為學習把自己放在聽話端，而不是永遠的發話端，我也開始思索，如果今天我遇到了一個很有魅力的演講者，我會不會就輕易的信任，而忘記了檢驗對方所說的內容，甚至變成其助手（或幫凶），被賣了都不知道？

其實，善於表達的人有可能都是騙子，他們真摯、誠實，不是多壞的人，但有時總會利用表達的技巧，輕輕轉了一個彎，去兜得所需的資源。也因為任何一種言説，都可能包裹了一個以上的複雜核心，而活在這樣一個人人都是自媒體、人人都有麥克風的年代，我們唯一能做的，除了練習聆聽，並且思辨其中真偽之外，也要練習把不想再聽見的內容，逐一消音。不要透過任何形式，包含按讚或點擊，去助長自身不認同的價值觀。

不要輕易相信，拿著麥克風的人。

附錄

編者提醒

本書精選十二篇散文，包含日常生活當中容易遇到的議題，從個人身體的認知出發，到消費行為與平權，再到公民與政治、群體之間的各式磨合與角力，展開一段看見自己、看見周遭，進而看見世界的旅程。文末另外挑選一篇文章，作為本書的尾聲。挑選文章時，編者所思考的並非單純的告知是非對錯，而是希望提供多元且有趣的觀點，鼓勵讀者一起思考。雖然編者懷抱著善良的心意，分享自己的觀點，但請不要全然接受。歡迎你每讀完一篇文章，都問問自己：「真的是這樣嗎？」如果能夠激發你的懷疑，而願意思考更多因由、探索事物更深的層面，那就太棒了。

延伸選文

看見個體

- 黃哲翰／數位利維坦君臨的前夕
- 陳冠良／歧身，《畸行》，避風港，二〇一九年。
- 郭強生／一個外省家庭的由來，出處《何不認真來悲傷》／天下，二〇一九年。
- 謝凱特／我的蟻人父親，《我的蟻人父親》，逗點，二〇一八年。
- 王昱翔等／不被看見的乖小孩：那些被忽略的障礙者手足
- 楊婕／我的女性主義的第一堂課，《她們都是我的，前女友》，印刻，二〇一九年。
- 朱家安／異男該更愛自己！拒絕讓「性別成就」決定你的價值

看見周遭

- V太太／你的情慾不是你的情慾：當「未經同意散布私密影像」成為一種龐大產業
- 江婉琦／外勞怎麼都在直播？——在直播的世界裡，還有聲音
- 吳忻穎／「長輩圖」才是真理？大選資訊戰中，難以跨越的世代隔閡
- 吳柏緯／小遊戲代價大 資安戰從下載APP就開始
- 呂國禎／新冠肺炎衝擊雞豬飼料進口，台灣離糧食危機有多近？
- 李宜蓁／40年搬家40次——原民媽媽終擺脫租屋歧視，擁有「香香的家」
- 林立青／工之傷，《如此人生》，寶瓶，二〇一八年。
- 喬瑟芬／當性少數人權遇上宗教自由
- 黃俊儒／繪製一張「打假」地圖：假新聞的類型與攻略

- 吳文正／憤怒與寬恕——誰是真正的被害者？
- CUP媒體HELEN CHEUNG／「變臉」科技讓你出賣自己的臉？
- 王鼎棫／科技始終來自「狼」性，法律該怎麼回應？
- 報導者／新混居時代——社會住宅的共融挑戰
- 雪羊／為什麼他們能活著回來？——給初入山林的你
- 朱宥勳／我更在乎的是你的孩子

看見世界

- 米果／台灣已經是「無緣社會」的預備軍
- 泰譯聞／以傳統的名義：校園裡論資排輩的「SOTUS」文化，何以在泰國爭議不斷
- 石武綏／槍口兩端的六四記憶——當解放軍與受難者在台灣相遇

・轉角國際／歸來的「阿拉伯之春」：革命再來？埃及反政府示威重返「解放廣場」

・陳又津／無緣社會——無論窮忙或富裕，無緣死是如影隨形的暗影

・CUP媒體TAN HA LAM／社交媒體如何幫忙古巴人對抗一黨專政

國家圖書館出版品預行編目資料

讀而自由：安頓身心的12堂公民行動課 / 陳夏民 主編
. -- 初版. -- 臺北市：幼獅, 2021.04
面； 公分. -- (生活館；004)

ISBN 978-986-449-216-9 (平裝)

541.07 109022033

· 生活館004 ·

讀而自由：安頓身心的12堂公民行動課

主　　編＝陳夏民
出 版 者＝幼獅文化事業股份有限公司
發 行 人＝李鍾桂
總 經 理＝王華金
總 編 輯＝林碧琪
主　　編＝沈怡汝
副 主 編＝韓桂蘭
編　　輯＝廖冠濱
美術編輯＝李祥銘
總 公 司＝10045臺北市重慶南路1段66-1號3樓
電　　話＝(02)2311-2832
傳　　真＝(02)2311-5368
郵政劃撥＝00033368

印　　刷＝崇寶彩藝印刷股份有限公司
定　　價＝280元
港　　幣＝93元
初　　版＝2021.04
書　　號＝986292

幼獅樂讀網
http://www.youth.com.tw
幼獅購物網
http://shopping.youth.com.tw
e-mail:customer@youth.com.tw

行政院新聞局核准登記證局版臺業字第0143號

幼獅文化公司／讀者服務卡／

感謝您購買幼獅公司出版的好書！
為提升服務品質與出版更優質的圖書，敬請撥冗填寫後（免貼郵票）擲寄本公司，或傳真（傳真電話02-23115368），我們將參考您的意見、分享您的觀點，出版更多的好書。並不定期提供您相關書訊、活動、特惠專案等。謝謝！

基本資料

姓名：______________________先生／小姐

婚姻狀況：□已婚 □未婚　職業：□學生 □公教 □上班族 □家管 □其他

出生：民國__________年__________月__________日

電話：（公）__________（宅）__________（手機）__________

e-mail：______________________

聯絡地址：______________________

1.您所購買的書名：**讀而自由：安頓身心的12堂公民行動課**

2.您通常以何種方式購書?（可複選）：□1.書店買書 □2.網路購書 □3.傳真訂購 □4.郵局劃撥 □5.團體訂購 □6.其他

3.您是否曾買過幼獅其他出版品：□是，□1.圖書 □2.幼獅文藝
□否

4.您從何處得知本書訊息（可複選）：□1.師長介紹 □2.朋友介紹
□3.幼獅文藝雜誌 □4.報章雜誌書評介紹__________報
□5.DM傳單、海報 □6.書店 □7.廣播(　　　　)
□8.電子報、edm □9.其他__________

5.您喜歡本書的原因：□1.作者 □2.書名 □3.內容 □4.封面設計 □5.其他

6.您不喜歡本書的原因：□1.作者 □2.書名 □3.內容 □4.封面設計 □5.其他

7.您希望得知的出版訊息：□1.青少年讀物 □2.兒童讀物 □3.親子叢書
□4.教師充電系列 □5.其他

8.您覺得本書的價格：□1.偏高 □2.合理 □3.偏低

9.讀完本書後您覺得：□1.很有收穫 □2.有收穫 □3.收穫不多 □4.沒收穫

10.敬請推薦親友，共同加入我們的閱讀計畫，我們將適時寄送相關書訊，以豐富書香與心靈的空間：

(1)姓名__________e-mail__________電話__________
(2)姓名__________e-mail__________電話__________
(3)姓名__________e-mail__________電話__________

11.您對本書或本公司的建議：

廣　告　回　信
臺北郵局登記證
臺北廣字第942號

請直接投郵　免貼郵票

10045 臺北市重慶南路一段66-1號3樓

幼獅文化事業股份有限公司

請沿虛線對折寄回

客服專線：02-23112832分機208　傳真：02-23115368

e-mail：customer@youth.com.tw

幼獅樂讀網http：//www.youth.com.tw